A Revolução Russa

FUNDAÇÃO EDITORA DA UNESP

Presidente do Conselho Curador
Mário Sérgio Vasconcelos

Diretor-Presidente
José Castilho Marques Neto

Editor-Executivo
Jézio Hernani Bomfim Gutierre

Assessor Editorial
João Luís Ceccantini

Conselho Editorial Acadêmico
Alberto Tsuyoshi Ikeda
Áureo Busetto
Célia Aparecida Ferreira Tolentino
Eda Maria Góes
Elisabete Maniglia
Elisabeth Criscuolo Urbinati
Ildeberto Muniz de Almeida
Maria de Lourdes Ortiz Gandini Baldan
Nilson Ghirardello
Vicente Pleitez

Editores-Assistentes
Anderson Nobara
Fabiana Mioto
Jorge Pereira Filho

Maurício Tragtenberg

A Revolução Russa

2ª edição revista

2ª reimpressão

Coleção Maurício Tragtenberg
Direção de Evaldo A. Vieira

© 2007 Beatriz Romano Tragtenberg

Direitos de publicação reservados à:

Fundação Editora da UNESP (FEU)
Praça da Sé, 108
01001-900 – São Paulo – SP
Tel.: (0xx11) 3242-7171
Fax: (0xx11) 3242-7172
www.editoraunesp.com.br
www.livrariaunesp.com.br
feu@editora.unesp.br

1ª edição – 1988, Atual Editora

CIP – Brasil. Catalogação na fonte
Sindicato Nacional dos Editores de Livros, RJ

T685r
2.ed.

Tragtenberg, Maurício, 1929-1998
    A Revolução Russa / Maurício Tragtenberg. – São Paulo: Editora UNESP, 2007.
    (Coleção Maurício Tragtenberg)

    Inclui bibliografia
    ISBN 978-85-7139-742-2

    1. União Soviética – História – Revolução, 1917-1921. 2. Socialismo. 3. Rússia – Política e governo, 1894-1917. I. Título. II. Série.

07-0068.   CDD: 947.0841
                                        CDU: 94(47)"1917/1921"

Editora afiliada:

Asociación de Editoriales Universitarias
de América Latina y el Caribe

Associação Brasileira de
Editoras Universitárias

Sumário

Apresentação   7

1 A Rússia imperial   9

2 A sociedade russa pré-revolucionária   61

3 O processo da Revolução Russa   87

4 Conclusão   133

Mapa   138

Bibliografia   141

Cronologia   145

Apresentação

Os trabalhos de Maurício Tragtenberg se caracterizam pela erudição meditada, a heterodoxia tolerante e autonomia intelectual. Estes são traços constantes numa obra sempre influente, dispersa em longo período de tempo e variada no assunto, mas que preserva sua agudeza e atualidade de maneira, por vezes, dramática. Justamente por isso, com o intuito de preservar e mais divulgar as contribuições deste autor, falecido em 1998, a Editora UNESP apresenta ao público a COLEÇÃO MAURÍCIO TRAGTENBERG, composta pela parcela mais representativa de tudo que produziu: seus livros; ensaios publicados em revistas, especializadas ou não; ensaios incluídos em trabalhos coletivos; prefácios e introduções. São também inseridos na COLEÇÃO os artigos publicados esparsamente na imprensa e os escritos destinados apenas à coluna jornalística "No Batente".

Esta reunião de obras impôs certos cuidados formais aos quais se voltaram tanto o coordenador da COLEÇÃO como a

Editora UNESP, a saber: restabelecimento de textos por meio de comparação com originais; eventuais notas; compilação de artigos; revisão e demais procedimentos necessários a uma edição sólida, que esteja à altura de seu conteúdo e respeite a visita do pesquisador/leitor a este marco da produção intelectual brasileira.

Coordenador da Coleção e Editor

1
A Rússia imperial

As formas de colonização interior

Durante os dez últimos séculos da expansão russa no interior do país, assistiu-se a uma oposição entre os aspectos obrigatórios e voluntários da colonização, uma vez que as autoridades às vezes refreavam e às vezes empurravam adiante o movimento colonizador.

No período que antecede o século XX, é muito difícil definir se foi a coação dos príncipes e a dinâmica dos comerciantes-aventureiros que constituíram o principal elemento ativo da colonização interior, ou se, pelo contrário, ela foi causada pela cooperação voluntária de homens livres.

Até 1350 os mosteiros desempenharam papel importante como centros colonizadores, especialmente ao norte do Volga; posteriormente, perderam sua importância, exceto na região do médio Volga. A atividade missionária anterior à ocupação e à conquista do solo ocorrera de forma excepcional, nada comparável à obra promovida pelas igrejas no processo colonizador da Nova Zelândia.

A partir do século XVI, o czarismo, com seu caráter despótico, converteu-se em força onipresente e decisiva. Já no século XVII, os latifundiários atuaram como força colonizadora, no plano interno, até a emancipação dos servos em 1861. É importante salientar que o termo russo que designa o servo é o mesmo que designa o escravo, entendido como uma classe que está submetida à vontade do seu dono, o qual podia até trasladá-lo a outras regiões.

A concessão de terras pelo czar, com ou sem servos, agregando direitos de exploração de minas e fábricas, aumentou o contingente de trabalhadores sob ordens dos latifundiários; estes utilizavam-nos para povoar novas terras próximas à fronteira móvel. As regiões fronteiriças mais avançadas serviam de campo de caça ao proprietário individual, além de ser ocupadas pelos colonos militares agregados ao Estado que prestavam serviço militar ou atuavam como *homens de serviço* de segunda categoria e que no correr do tempo convertiam-se em diversas categorias de *camponeses do Estado*.

Entre o czarismo de um lado e a servidão no trabalho de outro, restava ao camponês o recurso à fuga. O camponês fugia tanto do domínio da autoridade religiosa ortodoxa quanto do domínio da autoridade secular. No século XVII produz-se uma cisão na Igreja ortodoxa, multiplicando-se o número de sectários perseguidos e o de fugas para a fronteira. Definidos pelas autoridades como *vagabundos*, sujeitos a serem caçados pelas autoridades e integrados no serviço militar, muitos deles converteram-se em bandidos ou rebeldes, pouco contribuindo para o processo de colonização interna, ao passo que outros se tornaram colonizadores de fronteira, contribuindo para o permanente avanço russo.

O estilo da *colonização livre*, que dependia da iniciativa individual e do espírito do grupo, realizou-se com os cossacos do

Don, exemplo admirável da conquista russa da zona de estepes e da extensão gradual do poder do Estado à custa da autonomia local, obedecendo à dinâmica geral da transformação da estrutura social da fronteira.

O cossaco, originalmente, era um "vagabundo" procedente de Moscou ou da Ucrânia polaca, um explorador da estepe, caçador, pescador e pastor. Às vezes convertia-se em dono de um *rancho* ou se colocava a serviço de alguém como explorador. Os cossacos constituíam um grupo amante da liberdade, praticamente ingovernável, desempenhando um papel anárquico durante o período conhecido como Período das Perturbações (1603-13). Em 1600, contrariamente ao ocorrido em 1900, os cossacos representavam os anseios de revolução social, optando pelos camponeses e explorados.

Na região margeada pelos rios Don, Dnieper e nos Urais, os cossacos tiveram papel importante na sustentação da luta dos ucranianos contra o domínio da Polônia. Eram também utilizados pelo Estado para serviços de correio, constituindo uma forma decisiva que orientou a colonização da fronteira junto ao Cáucaso, nos Urais e na Sibéria. Os cossacos do Cáucaso e da Sibéria estavam sempre sob controle do Estado russo.

Os cossacos do Don mantiveram-se durante um século, até 1671, semi-independentes do poder de Estado concentrado em Moscou, na forma de um *bando* organizado militarmente, porém governado democraticamente por uma Assembleia Central em que os oficiais eram eleitos.

Essa assembleia possuía controle total na aceitação dos candidatos a ingressar no bando. Não pagavam impostos e tinham uma área livre para o exercício do comércio. Sempre lembravam ao governo central em Moscou que lutavam pela Casa da Virgem Imaculada e pelos Colecionadores de Milagres de Moscou, pelo Grande Czar e Príncipe da Grande Rússia, da Pequena Rússia e da Rússia Branca.

Como qualquer horda, combatiam e saqueavam a população, mas também negociavam com ela. Mantinham relações comerciais com os tártaros da Crimeia e os turcos e defendiam a desembocadura do rio Don com suas fortalezas de pedra localizadas no Mar de Azov. Reuniam um conjunto de 10 mil cossacos combatentes. Durante muito tempo desprezaram o arado, considerando-o símbolo de servidão. Viviam da pesca, da pecuária, do comércio e sobretudo do botim e da captura de escravos. Realizavam incursões em territórios longínquos, como os existentes junto às margens do Mar Negro ou, como dizia uma canção da época: "como jovens falcões... sobre o pai Volga, sobre o mar azul, sobre o Mar Cáspio".

No entanto, dependiam do poder central de Moscou no referente ao suprimento de farinha, munições e roupas. Por outro lado, o desenvolvimento do intercâmbio comercial resultou na formação de uma casta superior de cossacos. A oposição entre os segmentos cossacos pobres e ricos apareceu claramente por ocasião da rebelião camponesa de Stenka Razin (1670-71) e de Bulavin (1707-08), quando o poder central de Moscou venceu-as com o auxílio da oligarquia cossaca recém-constituída. A partir de 1671 os cossacos do Don ficarão vinculados ao czar de Moscou por um juramento de fidelidade. O governo cada vez mais desafiou o direito de asilo mantido pelos cossacos na região do rio Don, até que sob Pedro o Grande (1723) eles perderam o direito de eleger livremente seu chefe, o *ataman*. Daqui em diante o *ataman* dos cossacos representará um agente do poder de Moscou, especialmente quando passa a ser nomeado diretamente pelo ministro da Guerra.

A partir do século XVIII, os cossacos, além de agentes colonizadores, são aproveitados pelo Estado em sua polícia interna. Até fins desse século, a casta dos oficiais cossacos converte-se num grupo de grandes latifundiários, admitidos no estamento da nobreza e oficialmente reconhecidos pelo poder central de Moscou, com direito a possuir servos.

Até 1914, os cossacos do Don punham a serviço do Estado uma força militar que consistia na mobilização de 150 mil soldados da cavalaria, formando uma classe oposta à grande massa, recém-chegada, de ex-servos, agricultores independentes, mineiros e diaristas.

Os cossacos – que sempre procuraram manter uma diferenciação dos russos – desenvolveram, porém, a mesma relação de fidelidade ao poder central de Moscou. Mas, por ocasião da Revolução de 1905, houve divisão entre eles, quando surgiu uma direita que apoiava o czar e uma esquerda que lutava para depô-lo. Em 1936, Moscou vai formar batalhões cossacos e integrá-los ao Exército Vermelho, utilizando sua tradição de combate para desenvolver o novo patriotismo soviético.

Quanto à colonização da Sibéria russa, é importante salientar que essa região, até o século XVIII, constituía uma grande colônia produtora de peles. Esse tipo de produção local mudou à medida que se desenvolveram a agricultura, a indústria madeireira e a exploração das minas na região.

Pedro o Grande, com a procura de minérios e de rotas comerciais na Ásia central, fez avançar a fronteira estabelecendo postos de forças cossacas para conter a pilhagem de bandos nômades. Seus sucessores continuaram a obra, especialmente no oeste da Sibéria, onde havia água em abundância e terra de boa qualidade.

Porém a colonização desenvolveu-se lentamente na medida em que a região era ocupada por servos vinculados às minas, cossacos, prestadores de serviços instalados pelo Estado, camponeses que fugiam dos maus-tratos de seus senhores e sectários que fugiam de perseguições religiosas.

A Sibéria nunca conheceu o estabelecimento de uma nobreza senhorial, nem a servidão em toda sua extensão; mas conheceu a *comuna*, em que a cooperação ia da limpeza da terra a ser cultivada às várias formas de trabalho associado na forma de mutirão.

Legalmente a terra pertencia ao Estado e ao imperador: na realidade, os colonos trabalhavam a terra com base num título de propriedade fundado na primeira ocupação do solo, até o ponto em que a pressão crescente sobre os recursos naturais fez que a comuna adquirisse paulatinamente formas diversas de redistribuição periódica da terra conjugadas a outras formas de controle econômico sobre a liberdade de ação das famílias individuais.

Sob Pedro o Grande, a política oficial consistiu em barrar o movimento migratório em direção à Sibéria. Porém, a deportação para as minas siberianas constituiu recurso regular do Estado. Entre 1823 e 1881 foram desterradas ou deportadas para a Sibéria 700 mil pessoas, condenadas a trabalhos forçados em minas, obras públicas, campos, batalhões disciplinares ou sujeitas à simples vigilância policial. Além da deportação de criminosos comuns, os numerosos desterrados políticos, como os Dezembristas e os polacos, constituíram-se ali em inovadores das técnicas de trabalho industrial e agrícola, além da ciência e educação. Exagerou-se muito o papel dos deportados na edificação da Sibéria. Sua influência foi considerável a leste do rio Ienissei, mas no conjunto a importância da deportação foi muito menor do que na história primitiva da Austrália. Grande contingente de deportados, após cumpridas as penas, voltava à Rússia, e os que ficavam não eram bem vistos pelos siberianos nativos.

O que realmente tornou a Sibéria viável para a colonização foi a insaciável fome de terras do camponês russo e a extensão do sistema ferroviário. Na penúltima década do século XIX, o afluxo de colonos para a região aumentou consideravelmente. A grande fome de 1891 e a construção da ferrovia transiberiana constituíram fatores de atração populacional para a Sibéria. Apesar da Guerra Russo-Japonesa, a população siberiana duplicou em vinte anos. Em 1880, conta com um milhão de pessoas; em 1897, chega a cinco milhões, quase mais da metade da população do Canadá na época. As cooperativas siberianas passaram a competir ativamente no mercado inglês com a exportação de laticínios.

A Revolução Russa

Tal expansão limitou-se à Sibéria propriamente dita, englobando o território compreendido entre o lago Baikal e os Urais. A oeste do lago Baikal, a corrente colonizadora, por terra e por mar, era bem menos intensa, apesar dos incentivos governamentais.

No entanto, no Oriente Próximo, a emigração chinesa, em escala superior à siberiana, transformava a Manchúria num campo de luta pela hegemonia entre o imperialismo russo e o japonês. O transiberiano e o movimento populacional russo para leste obrigaram o Estado a criar um Departamento Especial de Colonização. Multiplicaram-se as regulamentações sobre a medição de terras, tarifas de transporte, incentivos monetários e em espécie. A maioria dos recém-chegados à Sibéria provinha do norte e do centro da Rússia. Até 1914, as melhores terras estavam ocupadas. Esta nova Sibéria, rude e errática, surgiu esgotada pelas lutas da Primeira Guerra Mundial e pela Revolução e guerra civil de 1917.

O Estado czarista

O Estado czarista possuía na sua origem elementos culturais tártaros e bizantinos. Formou-se sob Ivan o Grande, Basílio III e Ivan o Terrível, entre 1462 e 1584, paralelamente à concentração de poder vinculada à formação das monarquias centralizadas ocidentais.

O termo *czar* é uma corruptela do termo latino *caesar*; era o título que os russos atribuíam ao imperador de Bizâncio e depois ao *khan* ("chefe") da Horda Dourada. Ivan o Terrível foi o primeiro soberano russo a se coroar czar.

Adotou-se a águia bizantina bicéfala como símbolo do poder de Estado e atribuiu-se origem bizantina, discutível, às joias da Coroa.

Em 1498, Ivan o Grande intitulou-se "czar autocrata eleito por Deus". O título bizantino *autokrator* constituiu na sua origem o sinônimo do termo grego *imperator*, "chefe do Exército", simbolizando o caráter fundamentalmente militarista da *nova Roma*, Moscou. O conceito de imperador supremo reforçava-se com o título adicional de "soberano de todas as Rússias", adotado pela primeira vez por Ivan o Grande (1493). Seu casamento em 1472 com Zoé Paleólogo, sobrinha do último imperador bizantino, foi uma ação importante na manutenção das relações de Moscou com a Itália renascentista, propriciando novas formas à Corte de Ivan e novos adornos a seu poder soberano.

Após a captura de Constantinopla pela Quarta cruzada e a fundação do império latino na região (1204), em 1261 o restaurado Império bizantino dos Paleólogos era pouco mais que uma sombra. O conhecimento na Rússia do Direito e da literatura bizantinos estava bem abaixo do razoável, inclusive no século XV. Os russos nunca receberam de Constantinopla uma doutrina sistematizada da supremacia do poder imperial.

A noção do príncipe como ungido por Deus encontra-se na literatura russa primitiva. Até mesmo o tirano ou o príncipe débil, que cede aos maus conselhos, é instituído por Deus e tem de ser obedecido.

Todas as desgraças que se abateram sobre a Rússia por causa do domínio dos tártaros são atribuídas à cólera de Deus, pelos pecados do povo e, em particular, pelas querelas entre os príncipes. A ideia da não resistência ao soberano aplicava-se ainda ao *khan* da Horda Dourada, considerado também ungido por Deus.

A autoridade do príncipe em assuntos temporais só era limitada pela lei divina – ele era responsável somente perante Deus. Nos assuntos temporais, a Igreja não tem nenhum papel direto; nos espirituais, o príncipe é o protetor. Os livros bizantinos conhecidos na Rússia, em particular as obras de Justiniano, impunham o direito cristão como limitador dos poderes do príncipe. Mas isso era expresso em termos tão gerais e vagos que, na prática, tornava-o ineficaz.

A partir do século XV, a Igreja russa, legitimando os príncipes de Moscou como czares de todas as Rússias, via neles os sucessores da autocracia bizantina instituída por Deus, com poderes no âmbito secular e religioso. O grande príncipe era o soberano e autocrata de todas as Rússias, o novo Constantino para a nova Constantinopla: Moscou.

A fórmula "Moscou, terceira Roma", que aparece no século XVI, foi popularizada nos séculos posteriores de várias formas, legitimando o czarismo ortodoxo e nacionalista. Partia-se da noção de que todos os impérios cristãos tiveram um fim, duas Romas caíram, porém a terceira Roma está de pé – é o Império dos czares.

A queda de Bizâncio nas mãos dos turcos acelera o processo acima descrito. Sob Ivan o Terrível, remodelou-se o exército russo com base no modelo dos janízaros turcos. A autocracia dos czares, se tem influência bizantina, turca, também é produto da dominação tártara, da Horda Dourada, com seu *khan* onipotente à testa do Estado. Um sistema de tributação fundado no imposto pago por famílias, a organização de transportes e do sistema de correios, o monopólio de bebidas pelo Estado foram outros tantos elementos tártaros que o czarismo agregou a si.

Na Horda Dourada, o despotismo do *khan* dependia de suas qualidades pessoais, especialmente militares. Seu poder era limitado por um conselho de seus parentes consanguíneos e do clero e pelo poder econômico militar dos latifundiários semi-independentes que possuíam hereditariamente a terra. Ivan o Terrível, após a captura de Kazan e Astrakhan, aparecia como o herdeiro do *khan* tártaro.

Os viajantes europeus que conheceram a Moscou do século XVI atestavam que o país era governado tão autocraticamente como o faria um déspota asiático ou um sultão turco.

O czar utilizava seu poder tanto sobre os setores eclesiásticos quanto sobre os seculares, controlando ilimitadamente os bens e a vida de seus súditos. Não sabiam explicar por que isso sucedia – se a barbárie do povo havia convertido o príncipe em tirano ou se o povo tornara-se mais bárbaro e mais cruel em razão da tirania do príncipe.

Estrutura e desenvolvimento do czarismo

A crueldade arbitrária do czar e o servilismo de seus súditos, que impressionaram tanto os europeus que conheceram Moscou no século XVI, continuaram a constituir particularidades significativas do czarismo no período compreendido entre 1500 e 1900.

As principais características do czarismo podem ser definidas como:

1 – A sacrossanta encarnação da autoridade no czar nunca fora limitada explicitamente por mecanismos legais ou institucionais, mas pelos costumes e dependência da classe latifundiária e pelo setor militar.

2 – O *serviço obrigatório ao Estado*, inicialmente aplicado à classe dos latifundiários, estendeu-se a todos os súditos, especialmente durante o século XVIII.

3 – A terra russa era considerada propriedade do czar.

4 – Vinculava-se a ideia de *serviço* à amplitude ilimitada de ação do Estado, especialmente como *criador* de todas as associações abrangidas por ele, excluindo-se a Igreja.

5 – A falta de diferenciação entre as atribuições legislativas, judiciais e administrativas e o desenvolvimento de uma burocracia centralizada correspondia à amplitude de ação do Estado e à extensão do Império.

6 – A intensificação do uso da força e da ação arbitrária da política no âmbito governamental tornara o exército elemento fundamental na política do czar.

No século XIX, a essas características junta-se outra, sob a dinastia dos Romanov: a tentativa de uniformizar a maior parte do vasto e poliglota Império russo. Ao mesmo tempo, os aliados militares do grande príncipe soberano de Moscou transformaram-se nos súditos servidores do czar de todas as Rússias. Mais adiante, veremos como, durante a época compreendida entre 1480 e 1700, a servidão converteu-se no elemento dominante da estrutura social, de maneira muito parecida ao ocorrido na maior parte da Europa ocidental entre 1100 e 1300.

O período em que a Rússia esteve submetida à Horda Dourada foi chamado pelos historiadores de Período da Dependência. A Rússia, nessa época, apresentava estruturas *aparentemente* feudais: havia a vassalagem, o juramento de fidelidade, as imunidades e franquias, porém faltava o laço feudal. O conceito de *fidelidade* permaneceu bem restrito, comparativamente à sua amplitude no feudalismo ocidental; por outro lado, reconhecia-se o direito à separação do vassalo em relação a seu senhor, de uma forma totalmente desconhecida no Ocidente.

Durante o século XIV, cresceram as imunidades e as franquias, tanto judiciais como fiscais, laicas ou eclesiásticas, concedidas por éditos dos grandes príncipes e pelos *khans* da Horda Dourada. No século XV, estavam *excluídos* os delitos criminais da jurisdição senhorial.

Ivan o Grande (1462-1505) acabou com a semi-independência dos príncipes e outros latifundiários hereditários: subordinou a Rússia setentrional a Moscou, submeteu os principados de Tver (hoje Kalinin) e Novgorod com seus êxitos militares contra a Lituânia e os tártaros de Kazan, liquidando em 1480 qualquer sujeição à Horda Dourada.

Quando em 1467 Novgorod pedia armistício, Ivan o Grande declarava: "Nosso domínio do grande príncipe se dará desta forma: não haverá nenhuma assembleia, nenhum latifundiário com autonomia; o governo será exercido por nós diretamente". Além de esmagar militarmente a conspiração de latifundiários e comerciantes de Novgorod contra seu poder, Ivan promoveu a migração forçada de setores da população de Novgorod a Moscou, adotando igual política em outras partes da Rússia. Essa maneira de tratar os adversários do czarismo constituiu um traço peculiar do Estado russo. De igual forma agiu Ivan o Terrível, instalando deliberadamente um regime de terror sobre os habitantes de Moscou durante sete anos (1565-72). A transferência obrigatória da população por obra do czar implicava o confisco de seus bens, acompanhado de novas concessões de terras e direitos de comércio nas regiões em que se instalavam (a perda de direitos civis e condenação a trabalhos forçados só será aplicada posteriormente, com a deportação para a Sibéria). Tal medida contribuiu para homogeneizar os elementos componentes do império moscovita, que se ampliava tão rapidamente.

À transferência obrigatória se aliará uma política de *seleção*, prática comum desde a época de Ivan o Grande, isto é, o recrutamento de indivíduos ou famílias para inúmeros tipos de serviço ao Estado, em caráter temporário ou permanente. Esses contingentes aumentaram sob Pedro o Grande, que assim construiu sua nova capital e inúmeras obras públicas.

A seleção podia afetar uma comuna inteira, obrigada a ceder determinado número de pessoas ou de famílias que se alistavam nos serviços de guarnição na fronteira ou no serviço hereditário, na qualidade de cossacos. Podia afetar certo número de artesãos de inúmeros ofícios, que eram trasladados de uma a outra das cidades que margeavam o rio Volga ou a algumas das fundições mantidas pelo Estado. Podia implicar a transferência de várias centenas de russos brancos da classe média, procedentes da Polônia, a centenas de milhas de distância na linha defensiva do Volga-Kama, embora a maioria preferisse as comodidades de Kazan às agruras da fronteira.

Embora nominalmente voluntária, a seleção não se distinguia da obrigação de prestar serviço ao Estado, estando igualmente sujeita às fugas, à resistência passiva e às vezes ativa.

Contudo, o Estado russo resolvia por esse meio seus problemas de colonização e manutenção de forças militares, às vezes utilizando os recursos dos incentivos fiscais.

Os métodos e objetivos gerais da política de Ivan o Grande encontraram fiéis seguidores em seu filho Basílio III (1505-33) e em seu neto Ivan o Terrível (1533-84). Sob a direção deste se encerrará o capítulo final da crise entre os latifundiários e o poder estatal, com a vitória do estatismo czarista.

Desde o século XV, a aristocracia latifundiária laica era constituída de príncipes submetidos e de alguns magnatas proprietários de terra sem os títulos competentes. Exerciam amplos poderes de governo em seus estados territoriais, embora estivessem a serviço do grande príncipe de Moscou ou de outros, por força da concessão de terra ou por algum tipo de contrato pessoal. Neste caso, não se consideravam *servidores* e exerciam seu *direito à separação* sem perder seus estados hereditários. Como resultado da consolidação de Ivan o Grande, o direito à separação foi se extinguindo gradualmente. Após 1500, a única alternativa que restava à aristocracia era prestar serviço ao rival do grande príncipe de Moscou, o grão-duque da Lituânia e também rei da Polônia, o que passou a ser considerado, no século XVI, um ato de traição punido com o confisco dos bens.

Até a metade do século XVI era impossível ser um proprietário de terras em caráter hereditário sem estar obrigado a prestar serviço ao príncipe de Moscou. Também era impossível abandonar o serviço sem perder os estados hereditários. Esse serviço ao Estado foi regulamentado em 1556 por Ivan o Terrível, que obrigou a aristocracia fundiária à prestação de serviço militar, condição fundamental para a posse da terra, inclusive para definir a extensão da terra concedida pelo Estado.

Ivan o Terrível submeteu a pequena nobreza, colocando-a a serviço do Estado, retribuído com concessões temporárias de terras enquanto durasse esse serviço. Os *homens de serviço* multiplicaram-se, por causa da expansão de Moscou em detrimento da Lituânia e dos tártaros, fazendo que as necessidades militares aumentassem no tocante ao número de soldados e tornando antiquadas as técnicas de recrutamento da antiga aristocracia.

Ivan o Terrível desenvolveu uma aristocracia fundada no serviço ao Estado para enfrentar as necessidades militares, econômicas e colonizadoras. Concentrou um corpo selecionado de novos oficiais feudatários em Moscou, submetendo-os a regulamentos que detalhavam suas obrigações e seus direitos. Os *feudos de serviço* tornaram-se hereditários e virtualmente propriedade de seus portadores.

Em razão das diferenças entre os latifundiários medianos que possuíam *terras de serviço* e os grandes aristocratas, a classe latifundiária de Moscou encontrava-se profundamente dividida e não conseguira, como na Polônia e como em Aragão na Idade Média, consolidar uma força institucional contra a autocracia estatal.

O código de precedência regulava as nomeações para altos cargos, levando em conta a árvore genealógica e os serviços prestados no passado. Aplicado unicamente a antigas famílias principescas, estava vinculado ao costume e à tradição, não constituindo um elemento de Direito Público.

Porém, era um instrumento ineficaz de oposição ao poder de Estado, porque sua finalidade básica era a proteção de cada uma das grandes famílias contra outras rivais, e não contra a ação do czar.

A Assembleia da Terra não representou fator relevante de oposição ao poder central.

O Conselho dos Latifundiários era composto de proprietários de terras que se consideravam herdeiros das famílias mais importantes, integrantes desde tempo imemoriais do corpo de conselheiros do grande príncipe. No século XVI, o conselho era constituído somente de príncipes, embora submetidos a

A Revolução Russa

Moscou, e outras famílias de latifundiários. Ivan o Terrível viu nessa aristocracia o maior obstáculo a seu poder. Durante o século XVI, o conselho lutou para ser um fator limitativo do poder do czar. Ficou famosa a polêmica a respeito mantida entre Ivan e o príncipe Kurbski.

Ivan o Terrível destacou-se pela ferocidade com que defendia o poder de Estado, limitando os poderes do Conselho de Latifundiários.

Ivan procurou realizar uma política planejada, conseguiu subordinar ao Estado a antiga aristocracia, abalando suas raízes locais e empobrecendo-a com uma política fiscal. O resultado dessa política foi uma maior subdivisão da terra e a rotatividade das terras da aristocracia por vários proprietários agrícolas. A alta aristocracia continuou muito dividida entre grandes famílias, sem conseguir aparecer como agente da unidade nacional. Isso irá caracterizar o Período das Perturbações (1603-13).

Durante o século XVII, o Conselho dos Latifundiários será reconhecido como órgão assessor do czar, porém longe de representar um freio constitucional a seu poder. Com o passar do tempo, os membros não eram escolhidos entre os grandes proprietários de terra, mas entre famílias aparentadas ao czar e pessoas da classe média que ingressavam na burocracia e que atuavam na área das finanças públicas ou no corpo diplomático, acentuando uma tendência à ocidentalização.

A crescente ampliação da burocracia estatal e a necessidade de aumentar o controle do Estado sobre a sociedade civil russa levou à formação do Departamento de Assuntos Secretos, vinculado à Chancelaria do czar (1655), minando a importância do Conselho dos Latifundiários, que se convertera num conselho ministerial indeterminado. Estava aberto o caminho para a obra de Pedro o Grande, o "czar reformista", que reinou de 1682 a 1725.

Suas reformas foram uma extensão de práticas anteriores, pois continuava dependendo de alguns setores da classe latifundiária e da burocracia estatal. Ele levou às últimas consequências a prática do serviço ao Estado: implantou o serviço militar obrigatório no exército e na marinha, vinculou os latifundiários ao Estado, considerando-se ele próprio o primeiro servidor do Estado. Preocupava-se em criar um Estado militarista, porém apoiado num grande esforço de industrialização da Rússia e na plena utilização de seus recursos materiais e morais. Manteve guerras durante quase trinta anos seguidos a partir de 1695. Quando as iniciou tinha 23 anos; ao término delas estava com 52, morrendo um ano depois.

Todas as reformas de Pedro o Grande originaram-se de necessidades militares e navais. Pregava a ocidentalização da Rússia como condição de garantia de sua defesa.

Até 1715, as reformas que empreendera não obedeciam a nenhum plano preestabelecido, mas realizavam-se caoticamente sob pressão do momento; empenhava-se na busca de mais recrutas, mais recursos econômicos, mais munições. Nos últimos doze anos de seu governo, os éditos que entravam em conflito entre si cediam lugar a uma legislação mais sistemática, minuciosamente elaborada, que reorganizou tanto o Estado como a Igreja.

Como não podia deixar de ser, sua atuação encontrou oposição expressa em várias rebeliões afogadas em sangue, a ponto de condenar à morte seu próprio filho, Alexis, suspeito de ser o articulador de uma conspiração. Na realidade, a oposição era heterogênea e a Rússia estava dividida entre os partidários e os adversários de sua obra.

Pedro o Grande pretendia transformar o czarismo numa monarquia absoluta nos moldes europeus, conseguindo-o em grande parte. Ele se declarava um "monarca absolutista que não tem que responder perante quem quer que seja pelos atos, com poder e autoridade para governar seus territórios e estados conforme sua vontade". Essa versão de um despotismo ilustrado apareceu no novo código militar estabelecido por ele em 1716.

A criação de um exército permanente no estilo ocidental foi um de seus legados. A partir de então estreitaram-se os laços que uniam o czarismo ao militarismo. Enquanto seus antecessores apareciam diante do povo com uma pompa de imperadores bizantinos, Pedro o Grande usava uniforme militar ou simples roupa de operário.

Segundo o depoimento de um camponês recebido em audiência, ele aparecia como o czar-modelo: "Esse sim é que é um czar. Não comia sua comida na ociosidade, trabalhava mais que qualquer um de nós".

Após Pedro o Grande, tanto a Europa quanto a Ásia tinham de contar com a Rússia no jogo de força das grandes potências. No plano interno, teve efeito permanente a "escala de *status*", elaborada por Pedro o Grande, em 1722. Por meio desse édito, elaborado minuciosamente e inspirado em modelos prussianos, a posição social da nova aristocracia agrária dependia da posição do aristocrata na escala de serviço ao Estado, dividida em quatorze graus referentes aos civis e outros quatorze graus que abrangiam os militares. Cada posição nesse sistema de classificação estava vinculada a determinado nível de vencimentos. Pedro o Grande, para desmobilizar a antiga aristocracia latifundiária, escolhia muitos de seus assessores entre "pessoas malnascidas", muitas delas estrangeiras. A relação de família ou de riqueza não era levada em consideração, mas a capacidade individual, como base para carreira no Estado. Abriu a porta do exército para absorver entre seu oficialato uma população oriunda da baixa classe média, que assim ingressava também na classe proprietária hereditária de servos.

A escala de *status* e os novos colégios de Pedro o Grande transformaram a antiga burocracia moscovita num instrumento indispensável ao funcionamento da máquina do Estado russo. Até meados do século XVII, havia 36 departamentos que abrigavam oitenta secretários recrutados entre os *homens de serviço* da classe média – pequenos proprietários de terra provinciais ou oriundos de Moscou.

Pedro o Grande concentrou os antigos departamentos em oito colégios, agregando-lhes três novos departamentos: marinha, manufaturas e mineração. Os colégios, adaptados do Ocidente, foram constituídos por ele para racionalizar a divisão do trabalho, especialmente na área militar e financeira. Colocou na cúpula de cada colégio uma pequena Junta Diretiva, que decidia pelo voto majoritário. Porém, isso não teve continuidade; sob Catarina a Grande, o colégio teve seus poderes diminuídos, desaparecendo sob a reforma administrativa efetuada por Alexandre I.

A terceira grande reforma administrativo-política de Pedro o Grande fora a instauração do Senado, em 1711. Composto inicialmente por nove senadores, dispunha de poderes de governo quase totais durante as frequentes ausências do czar, em virtude de suas campanhas militares ou viagens ao exterior. Converteu-se num superpoder, controlando a administração civil, especialmente a área financeira, o poder judicial e os governadores provinciais. Seus membros eram de nomeação livre do soberano. Como o novo exército permanente, a frota, os colégios, o imposto por cabeça e os passaportes internos, o Senado foi um dos legados de Pedro o Grande que as gerações posteriores admitiram ou modificaram, mas não suprimiram.

A reformulação do Senado por Alexandre I (1801-25) fez parte da reorganização geral do governo central que incluiu também o Conselho de Estado (1810) e a substituição dos colégios por ministérios (1802, 1811).

Ao Conselho de Estado ele confiou a tarefa de reformular o processo legislativo, que no século anterior cabia ao Senado e aos colégios. O Conselho era composto por um número variável de 35 a 60 membros, escolhidos diretamente pelo imperador, e não tinha direito a propor reformas legislativas. Suas recomendações eram apenas assessoria e os imperadores tranquilamente tomavam decisões contrariando a opinião majoritária ou promulgavam decretos sem consultar quem quer que

A Revolução Russa

fosse. O Conselho de Estado continuou existindo até a Revolução de 1905, quando se transformou na Segunda Câmara do novo Parlamento.

A terceira reforma importante de Alexandre foi a transformação dos antigos colégios em ministérios, com um ministro na liderança, nomeado pelo czar e responsável perante o mesmo, com o direito fundamental de informar pessoalmente o monarca. A organização e a tramitação de documentos obedeciam a normas rígidas e impessoais. Ao mesmo tempo, instituiu-se um Comitê de Ministros encarregado da coordenação dos vários ministérios, funcionando conforme o modelo napoleônico, considerado o melhor pelo círculo dos íntimos do imperador. Os ministros não eram coletivamente responsáveis, não formavam um ministério; frequentemente encontravam-se ministros com opiniões divergentes e opostas. O Comitê de Ministros revelou-se ineficaz no trabalho de coordenação dos vários ministérios. Após a criação da *Duma* (Parlamento), em 1906, o Comitê ganhou nova significação e sob a presidência do ministro Stolipin (1906-11) obteve sua maior expressão, graças a sua vigorosa personalidade.

As questões mais significativas na área política russa do século XIX decidiam-se da mesma forma que no século XVIII, isto é, as decisões não eram tomadas por um órgão definido, mas por vários ou por pessoas que gozavam da confiança pessoal do czar. Conseguiam sua aprovação por meios formais burocráticos e, às vezes, por meios totalmente informais que dependiam de sua graça pessoal.

No século XVIII, o poder decisório supremo na Rússia radicava num pequeno círculo de pessoas (às vezes com o nome de Supremo Conselho Secreto, Gabinete Imperial, Conferência de Ministros ou Conselho de Estado), presidido pelo Procurador Geral com representantes dos colégios do exército, da marinha e dos assuntos exteriores. No século XIX, as decisões estavam distribuídas entre o exército, ministério do Interior e ministé-

27

rio da Fazenda, conselhos imperiais criados especialmente e os governadores gerais e vice-reis da Polônia, Nova Rússia, Transcaucásia e Ásia. Nos fins do século XIX, podia-se dizer que o czarismo constituía uma espécie de federação irresponsável de departamentos independentes, que mantinham entre si, às vezes, aberta ou disfarçada hostilidade.

No sentido de controlar a burocracia ou agilizar processos de decisões, todos os czares após Pedro o Grande utilizaram-se frequentemente de órgãos colegiados, especialmente constituídos para finalidades específicas.

A burocracia russa conseguiu manter unido o Império multinacional, embora a rotina, a corrupção, a ineficiência e o cultivo do segredo administrativo estivessem vinculados a ações arbitrárias. Sob Catarina a Grande e Alexandre I elevou--se muito o nível de instrução dos funcionários mais graduados. A introdução dos Conselhos de Província e dos Governadores Provinciais sob Alexandre II, na década de 60 do século XIX, constituiu progresso em relação à estrutura ultracentralizada que predominara anteriormente.

A reorganização geral do governo central se dera no período compreendido entre 1802 e 1811, por obra do ministro Speranski e do cientista Paulo V. Os projetos que previam a reforma constitucional, financeira e administrativa do Império e a institucionalização de assembleias representativas locais e centrais, livremente eleitas, tiveram êxito muito limitado.

Speranski tinha muitas razões a seu favor ao procurar estabelecer uma delimitação clara entre os poderes executivo, legislativo e judiciário. Em todos os países isso constitui um problema, porém em nenhum país a falta de delimitação entre os três poderes produziu tanto arbítrio, irresponsabilidade e tirania como na Rússia. Os direitos do Estado opostos aos direitos do indivíduo sempre obstruíram o desenvolvimento das liberdades civis e políticas e a burocracia sempre constituiu uma casta privilegiada ante o povo, em maior ou menor grau.

Apesar das tentativas de Pedro o Grande, Catarina a Grande e Speranski, os tribunais se confundiam com a burocracia ou seus subordinados, até as reformas de 1864. Os tribunais comuns baseavam-se em superados modelos europeus. Caracterizavam-se por sua extrema complexidade, intermináveis referências aos tribunais superiores, métodos secretos e inquisitoriais, confiança exclusiva em declarações formalizadas por escrito e uma falta quase total de controle público sobre as atividades dos funcionários e definição de suas responsabilidades.

As reformas de 1864, preparadas admiravelmente com grande minúcia, substituíram o antigo sistema por uma combinação original da prática forense anglo-francesa. Estabeleceram-se novos tribunais, que atuavam de maneira mais simples e eficiente. Os juízes eram inamovíveis; nas áreas rurais surgiram os juízes eleitos, conforme a prática inglesa; introduziram-se as provas orais e o tribunal do júri em assuntos criminais; a tramitação dos processos era pública, qualquer cidadão podia ter acesso a eles.

Mas isso trouxe reações políticas e intraburocráticas. Assim, os casos que pudessem excitar a opinião pública eram decididos secretamente, enquanto a jurisdição de todos os tribunais em questões políticas foi anulada pelo poder de polícia que atuava de modo oculto e com relativa independência.

Durante os últimos cinquenta anos do czarismo, era comum que partes importantes do Império fossem governadas sob regime de estado de sítio, o que significava a desativação dos tribunais ordinários pelos governadores provinciais, armados de poderes especiais – tanto poder de polícia como julgamento por tribunais militares.

O domínio policial no czarismo tornou-se quase total sob Nicolau I (1825-55), surgindo como reação à revolta dos Dezembristas. Nicolau I aparecia como o *gendarme* da Europa e de seu próprio povo. Governava apoiado numa imensidão de informes fornecidos pela polícia política, no mesmo estilo com que Filipe II governava o Estado espanhol. Pela polícia, o czar controlava seu povo e também os desmandos da sua própria burocracia de Estado. Pela ação da polícia, pretendia superar o muro de papel existente entre ele e o povo, permitindo assim "chegar ao trono do czar a voz do cidadão comum", como diziam os cronistas da época.

O emprego da polícia e de *agentes provocadores* no meio sindical, e no meio dos partidos políticos de "esquerda" da época, atingiu seu grau máximo sob Nicolau II.

O desenvolvimento do *Estado policial* sob Nicolau I e Nicolau II esteve ligado à antiga *política de uniformidade*, pela integração ao Império de territórios que pertenciam a Estados europeus com religião diversa (luterana ou católica), com classes altas de cultura mais elevada e na sua maior parte contendo uma população não russa, caso das províncias bálticas, dos territórios polacos repartidos e da Finlândia. Havia se colocado o problema de governar os novos territórios conforme o modelo russo ou respeitando suas instituições locais.

Catarina a Grande optou pelo processo de russificação, porém Pedro o Grande não respeitou essa política, apesar da violência da *questão polaca*, nem a oeste nem ao sul da Bessarábia e da Geórgia. No geral, as autonomias locais foram restabelecidas e as que existiam foram mantidas. Nas províncias bálticas, a nobreza alemã e a burguesia das cidades conseguiram a confirmação dos antigos privilégios de representação concedidos por Pedro o Grande e seus sucessores imediatos. Conservaram suas próprias instituições, suas leis, seus idiomas e religião, controlando os governos provinciais. A Finlândia, conquistada em 1809, converteu-se num grande ducado separado, quase totalmente distinto do resto do Império russo, governado conforme sua própria Constituição.

Sob Alexandre II chegou ao clímax a política de administrar nos termos de um Estado policial e impor a religião ortodoxa russa aos povos não russos. Os alemães das províncias

A Revolução Russa

bálticas sofreram ameaças a sua autonomia relativa, e em 1899 Nicolau II atacou a posição excepcional gozada pela Finlândia e sua *Dieta* (Parlamento) no conjunto do Império russo.

O principal resultado dessa campanha centralizadora e uniformizadora foi o fato de que em 1905, e ainda mais em 1917, o processo de russificação estendeu-se aos povos não russos do Império, limitando os direitos políticos dos liberais e revolucionários russos.

No entanto, o patriotismo *grão-russo* não pode ser visto como um fenômeno superficial que pudesse desaparecer por decreto em 1917. Tinha raízes populares e durante muito tempo representou obstáculo à incorporação dos povos soviéticos à União Soviética.

Uma das últimas características do czarismo, já assinaladas, fora a amplitude da ação do Estado, da ideia da onipresença estatal, visto como elemento legitimador de qualquer associação civil, salvo a Igreja. Mas mesmo esta, desde o século XVII, sob Pedro o Grande, se constituíra em parte integrante do Estado, como outro braço do poder secular.

No processo de formação do czarismo até Pedro o Grande, o desenvolvimento do serviço ao Estado prestado obrigatoriamente implicou a ampliação da ação estatal sobre a sociedade civil. No século XVII, o Estado abrangia as funções de defesa, relações exteriores, justiça, ordem interior, sistema monetário, colonização e comércio interior.

O czar Alexis (1654-76) tornara-se, com suas enormes propriedades, o maior produtor e comerciante da Rússia. A confusão entre as esferas *privada* e *pública*, no Estado czarista, contribuiu para implantar o conceito do Estado como o dirigente da vida econômica russa, especialmente com a colonização da Sibéria, cujas terras pertenciam à esfera estatal.

A isso, agregue-se os monopólios estatais de produção e comércio de sal, peles, álcool e potassa.

Sob Pedro o Grande esse processo avançou, também por influência do mercantilismo europeu. A economia desenvolveu-

-se para atender as necessidades militares estatais; da mesma maneira, a presença estatal no Colégio de Minas e Manufaturas serve como indicador da amplitude de ação do Estado. Mesmo concedendo a capitalistas particulares a exploração mineira, ela dependia do Estado no referente à concessão de isenções fiscais, sujeitas ao capricho de cortesãos próximos ao Imperador.

Pedro o Grande organizara novas formas de trabalho forçado para os servos, tendo em vista abastecer de munições suas forças militares de terra e mar. Embora sob Catarina a Grande observe-se uma reação aos monopólios estatais, provinda de uma classe média ascendente sedenta de autonomia, a maioria dos setores mais importantes da indústria continuaram sujeitos ao controle do Estado.

Pedro o Grande desenvolveu um sistema de comunicações, de construção de obras públicas, de educação laica. Sob Pedro o Grande desenvolvera-se a imprensa como empresa industrial, enquanto sob Catarina a Grande a produção de revistas para o grande público teve grande impulso.

Desde então o sistema educacional público passa a expandir-se, ficando a educação sob a tutela estatal, dividida com a ação da Igreja. A imprensa introduziu-se em Moscou desde o século XVII, sob Pedro o Grande. Durante a primeira metade do século XVIII, publicaram-se na Rússia 918 livros; na segunda metade do século, o número atinge a 8.595 publicações, acentuando-se a importação de obras estrangeiras. O Estado, conjuntamente com a Igreja, exercia a censura sobre as publicações locais e as importadas. Sob Catarina a Grande, Alexandre I e Nicolau I, estabeleceu-se uma censura prévia das publicações russas; apesar disso, publicavam-se as obras de luminares da literatura russa, como Puchkin, Lermontov e Gogol.

Na década conhecida como "das grandes reformas", sob Alexandre II, a censura preventiva fora substituída pela censura punitiva, fundada em confisco, multas e apreensão das publicações. Até 1905, a censura reina tranquilamente no âmbito da produção de livros e na imprensa. O interessante a notar é que, no início de 1900, a censura russa permitia a publicação de *O capital*, de Karl Marx, porém interditava a publicação e venda do *Leviatã*, de Hobbes, ou das obras de Spinoza.

Apesar disso, em 1863, a Rússia assiste a uma invulgar campanha de imprensa dirigida pelo jornalista Katkov (1818-87) contra a rebelião polaca e as ameaças de intervenção da França e da Inglaterra. Durante a crise balcânica de 1876-78 e a crise búlgara de 1886-87, desenvolveu-se uma campanha pela imprensa, de caráter nacionalista, com liberdade razoável.

Uma das razões da precária liberdade de imprensa residia no conflito entre os vários ministérios e as diversas autoridades da censura. O Estado não tinha nenhum projeto organizado de propaganda; sua ação era somente *negativa*, por meio da censura ou do confisco dos jornais, se bem que durante a Revolução de 1905 o governo procurava sistematizar sua propaganda política no apoio às *centúrias negras*, grupos antissemitas ativos.

Sob Alexandre I dera-se a emancipação dos servos concomitantemente com a revolução comercial, industrial e financeira. Os ex-servos tornam-se cidadãos, porém continuam sujeitos aos impostos de capitação (por cabeça) e à prestação do serviço militar como recrutas. O problema camponês assume importância nacional. O socorro em caso de situações coletivas de fome, devido às más colheitas ocasionadas por intempéries, a colonização de novas terras e a melhora da produção agrícola tornam-se as tarefas mais importantes a serem cumpridas pelo governo central e pelos poderes locais.

A revolução econômica, que transformara a Rússia no período compreendido entre 1860 e 1914, transformou, ao mesmo tempo, a burocracia do Estado e sua ação no âmbito econômico e social.

O desenvolvimento do transporte ferroviário (mil milhas construídas em 1860; 44 mil milhas em 1914 e 8 mil em construção), da rede telegráfica (a partir de 1861) e telefônica (a partir de 1881) implicou o alargamento do âmbito de controle do Estado sobre a sociedade nacional russa. O sistema ferroviário, após curto período de arrendamento à iniciativa particular, constituiu uma função do Estado, empenhado em sua organização e exploração racional. A ação do Estado ampliou-se após a conquista do novo império colonial no centro da Ásia (1864-85) e a grande expansão na Sibéria ligada ao transiberiano, de importância fundamental na guerra com o Japão (1904-05). Da mesma maneira, a expansão russa na Manchúria e na Pérsia dependeu da ação estatal, especialmente do ministério da Fazenda, que implantou o Banco Russo-Chinês e o Banco Russo-Persa.

A indústria russa expandia-se com subsídios estatais, proteção aduaneira, e nos setores de ponta estava estreitamente ligada ao Estado, que era o grande consumidor (forças armadas, ferrovias, navegação fluvial, obras públicas). A articulação entre capital, técnica, matérias-primas e transportes era conduzida pelo Estado. Exemplo desse processo fora a trajetória do enérgico Conde Witte (1849-1915), que ocupava um cargo secundário numa ferrovia de província, tornando-se depois ministro dos Transportes, do Comércio, da Indústria e do Trabalho.

O crescimento econômico russo estava também amparado na criação da Escola Técnica de Moscou, dirigida por Della Voce, onde fora introduzido o método de trabalho fundado na sua subdivisão por séries homogêneas e definido por normas impessoais. Essa escola, no começo do século, fora visitada por norte-americanos, que levaram o método para os EUA e lá criaram escolas iguais. O engenheiro Taylor estudou numa dessas escolas e desenvolveu o método que ele chamou de *organização científica do trabalho*, também conhecido por *taylorismo*.

O desenvolvimento russo encontrava obstáculos na burocracia. Ela impedia a formação e desenvolvimento de uma classe capitalista forte e independente. Embora dependesse do Estado, a burguesia russa tinha uma visão clara desses obstáculos representados pela rotina burocrática estatal; através da revista de uma associação de industriais de São Petersburgo (ex Leningrado), essa burguesia definia seu ponto de vista: "É hora de tomarmos conhecimento do fato de que uma indústria europeia não pode prosperar num clima de analfabetismo e ignorância quase universal e ausência quase total de independência econômica. É hora de compreendermos que o complexo mecanismo do desenvolvimento industrial não pode ser dirigido a partir de um centro único".

Se a opinião pública conservadora criticava o governo nos termos acima, a opinião pública liberal e socialista manifestava um violento antagonismo diante do Estado. A Revolução de 1905 iria abalar o czarismo em suas bases. A Rússia aparecia como potência mundial, com subutilização de seus recursos. Apesar do desenvolvimento econômico, o Estado russo era muito vulnerável devido à corrupção, ao arbítrio, à ineficiência. Esse sentimento fora claramente expresso pelo ministro Witte em 1905: "O mundo deve ficar surpreso de que tenhamos um governo na Rússia. Com muitas nacionalidades e idiomas, uma nação com maioria analfabeta, é incrível que ela tenha se mantido unida, embora por via autocrática".

As origens da servidão e da comuna

A servidão apareceu entre os séculos XVI e XVII, fundada no costume, em normas de direito privado e éditos governamentais, amparados pela força do Estado. Embora constituísse a base fundamental da sociedade russa, ela nunca fora formulada em nenhum código, em nenhuma legislação que definisse claramente direitos e deveres dos senhores e dos servos. O poder dos senhores sobre os servos adquiriu amplitude com o tempo, estabelecendo-se a servidão hereditária, legalmente reconhecida e registrada.

Na parte referente à colonização, mostramos a importância que teve na história russa o movimento de populações. O período compreendido entre 1550 e 1650 foi um século que se caracterizou pela *fuga* de camponeses, às vezes para se submeter a novo *proprietário*, às vezes para "buscar terra" na nova fronteira, acumular fortuna nas "terras selvagens" ou aumentar o número de "vagabundos".

Embora existisse a servidão, não vigorava na Rússia o princípio feudal da França e da Inglaterra: "nenhuma terra sem senhor". A povoação era escassa e muito esparramada. Os camponeses, caçadores e artesãos foram divididos tanto no plano jurídico como econômico em vários grupos, com diversas obrigações e direitos, que iam desde o escravo sem liberdade – propriedade absoluta de seu amo e que nada pagava ao Estado – ao "estrangeiro" independente de Novgorod.

A linha que separava a servidão da liberdade era muito tênue, porém o homem livre caracterizava-se por pagar tributos ao Estado. As *terras negras* eram comunidades que pagavam impostos; os depois chamados *camponeses negros* eram livres, agrupados para fins tributários e administrativos em cantões de mais de vinte casas, coletivamente responsáveis pelo pagamento de impostos. Outros camponeses viviam em terras de propriedade eclesiástica ou de leigos, em diversas condições contratuais – como arrendatários, servos ou escravos temporários, ou escravos permanentes. Estes últimos não eram livres; se o fossem, sua liberdade consistiria no pagamento de contribuições diretas ou indiretas ao Estado. O Estado concedia imunidades administrativas aos mosteiros, que contratavam diretamente seus servidores. Existiam também grupos de trabalhadores rurais diaristas e artesãos sem terras, que não estavam sujeitos a imposto algum do Estado.

Entre 1500 e 1700 formam-se na Rússia uma classe de servos dos latifundiários, na qualidade de *camponeses escriturados*, e diversas categorias de *camponeses do Estado*, em situação muito próxima à servidão. Os camponeses escriturados viviam na região compreendida entre o Oka, o Volga e Novgorod; na sua

A Revolução Russa

maioria, converteram-se em servos por dívidas contraídas que não puderam pagar.

Sob Ivan o Grande (1462-1505) desenvolve-se a noção do czar regulador dos serviços obrigatórios ao Estado e dono da terra russa. Suas concessões de terra não tinham muita utilidade, pois faltavam braços para lavrá-la. Para mobilizar mão de obra, o czar cadastrou-a. Essa prática se expande nos séculos XVI e XVII e com ela o campesinato irá pertencer à categoria de *antigo morador*, com caráter hereditário. O *escrivão* que efetua tais registros aparece ao camponês como uma figura aterrorizante; ser *cadastrado* significa obrigações e alguma forma de retribuição em serviços ou pagamento de tributo.

Os camponeses fugiam do serviço obrigatório ao Estado e dos impostos, colocando-se sob a proteção de um latifundiário em busca de apoio econômico. A procura de mão de obra rural aumentou e cada vez mais os camponeses encontravam dificuldades em locomover-se de um lugar a outro.

Os camponeses livres desfrutavam do direito de separar-se "livremente" de seus senhores todos os anos, no dia correspondente ao Dia de São Miguel, desde que estivessem em dia com os impostos. Os códigos de 1497 e 1550 reconheciam tais direitos. À medida que a falta de braços tornou-se aguda, os latifundiários aboliram qualquer direito de separação.

A partir de 1580, definiram-se os anos *proibidos*, em que o camponês não podia separar-se de seu amo e senhor. Com a decadência do instituto da separação, vai ocorrer a fuga em massa de camponeses.

Outro fator que contribui para a extensão da servidão é o instituto paralelo da escravidão. Sempre houve escravos na Rússia, embora não constituíssem a população dominante no país. Desempenhavam inicialmente tarefas domésticas e administrativas, porém, no século XVI, generalizou-se sua utilização no trabalho agrícola. A pobreza obrigou alguns a converterem-se em escravos por dívidas.

Os escravos não pagavam nenhum imposto, razão pela qual o Estado não tinha interesse em que essa categoria aumentasse no âmbito da sociedade russa. A partir de 1631, o Estado impôs tributos aos escravos, como também incorporou em sua rede fiscal os trabalhadores diaristas e os artesãos que prestavam serviços temporários. Por sua vez, após 1649, os camponeses que pagavam impostos foram proibidos de dedicar-se ao comércio.

Os interesses do Estado confluíam com os dos latifundiários: aquele queria contribuintes estáveis com famílias assentadas que proporcionassem os soldados de que necessitava, estes queriam a mão de obra necessária à exploração agrícola.

Os homens de serviço que possuíam concessões de terras estatais converteram-se em proprietários permanentes, mas tinham obrigação de prestar serviços ao Estado, assim como os camponeses. Os homens de serviço proporcionavam os oficiais para o exército e os funcionários necessários à burocracia, enquanto os camponeses forneciam o contingente de soldados rasos.

A transformação gradual do campesinato, antes estruturado na forma de servos escriturados dos latifundiários e camponeses do Estado, aprofundou-se sob Pedro o Grande, com a fixação de um imposto individual uniforme pago pelos camponeses homens; dele estavam isentos a nobreza, a alta classe média e o clero.

Ele suprimira as diferenças entre os escravos e outras categorias sociais que não contribuíam, unificando-os como contribuintes que pagavam o imposto de capitação (por cabeça), seja como servos escriturados, camponeses do Estado ou cidadãos registrados.

Cada comuna ou distrito era responsável pela arrecadação do imposto de capitação. Esses impostos, até Pedro o Grande, consistiam em um terço da arrecadação total; graças a sua ação, representarão mais da metade dos impostos arrecadados pelo

Estado (será abolido em 1866, sem poder cobrir o déficit do orçamento estatal, já crônico). Ele promoveu também o aumento dos impostos indiretos, que constituiriam a base do orçamento.

A comuna

O desenvolvimento da comuna, ou *mir*, adquire importância nacional após a emancipação dos servos em 1861.

Os escritores eslavófilos ou populistas viam nela uma instituição originalmente russa, nascida do povo e capaz de superar os males trazidos pela economia individualista e competitiva. Viam na comuna um meio de chegar ao socialismo agrário sem passar por um período de desenvolvimento capitalista.

Na época da emancipação, a maioria do campesinato russo estava agrupada em comunas de tamanho variável, compostas às vezes de uma aldeia ou de partes de uma aldeia extensa, às vezes de grupos de habitações esparramadas por uma região. Os membros da comuna possuíam direito hereditário de integrá-la, trabalhavam a terra na forma de mão de obra familiar e redistribuíam as parcelas de terras que lhes cabiam conforme a capacidade de trabalho de cada um e o número de bocas por família. Pastos, bosques e prados eram de utilização comum, assim como a venda de terras sem uso ou a compra de novas terras para cultivo eram decididas comunitariamente.

A respeito da origem e do desenvolvimento da comuna, os historiadores se dividem: uma escola sustenta que a comuna com redistribuição periódica da terra foi uma característica permanente através da história russa, em contraste com a Europa, onde a comuna surgira como criação espontânea, popular e cooperativa que nada devia à ação do Estado; outra escola adotava o ponto de vista de que a comuna do século XIX era resultado da política financeira e administrativa do Estado desde os fins do século XVI, vinculada às consequências da expansão da servidão.

Pesquisas posteriores trouxeram muita luz a respeito do problema da comuna, embora sua história anterior a 1550 continue sendo um enigma. Hoje, admite-se que a primeira opinião não encontra base de sustentação e a segunda exige algumas retificações. Houve a necessidade de estabelecer uma distinção entre os diversos tipos de comunas que se desenvolveram de forma distinta em diferentes épocas e também em variadas regiões da Rússia. Ficou clara a importância de distinguir entre a comuna como comunidade agrícola florestal, em que a família é a unidade produtiva unida por associações que variavam muito em tamanho e composição, e a comuna como organização administrativa e fiscal, de tamanho ainda mais variável, dependente do Estado.

É evidente que a comuna agrícola não fora simples produto da ação administrativa, embora o Estado e a expansão da servidão a partir do século XVI influíssem muito em seu desenvolvimento. Está firmemente estabelecido na historiografia russa que, tanto no período mongol como na Rússia de Kiev, uma das características marcantes da sociedade camponesa era o predomínio dos ajustamentos coletivos por comunidades para regular a utilização dos terrenos de pastagem ou de pesca. Essas comunas agrícolas provavelmente eram muito diferentes das estruturadas em aldeias nucleadas e na redistribuição periódica das parcelas de terra.

Somente após o século XVIII, a redistribuição periódica da terra constituirá o núcleo da comuna agrícola, em razão da pressão populacional exigindo mais terra, da conversão cada vez mais crescente dos camponeses em servos e do aumento dos impostos estatais diretos.

A comuna agrícola, nessas três formas distintas, a partir do século XVI, desenvolveu-se nas diversas partes do imenso território russo. Gradualmente passou a sofrer crescente influência do Estado no que se refere a impostos e obrigações em relação aos latifundiários donos dos servos. Persistiu através do tempo o profundo sentimento oriundo da prática e do direito costumeiro, em torno do trabalho aplicado na terra e do direito a trabalhar a terra como um direito natural.

A comuna enquanto unidade fiscal e administrativa tem uma longa história através do tempo. Na Rússia de Kiev, como na Inglaterra anglo-saxônica, atribuíram-se responsabilidades aos grupos locais e distritais no referente aos crimes e à cobrança de tributos – elas cabiam aos chefes, aos mais velhos ou a outros semifuncionários locais, até a comuna tomar a forma de uma comunidade fiscal administrativa ou distrital.

Quando foi criado o Estado moscovita, a prática comunal tradicional já estava implantada e o Estado continuou a tratar com o grupo e não com o indivíduo.

Os funcionários do Estado em cada distrito avaliavam o montante de impostos a pagar pela quantidade de terra lavrada; a atribuição a cada grupo da parte a pagar continuou sendo feita pelos camponeses mais velhos eleitos pela comuna, sem nenhuma intervenção direta do governo. A cobrança dos impostos estava a cargo de camponeses eleitos, porém diretamente controlados pelos funcionários governamentais. Embora até o século XVIII os latifundiários não fossem responsáveis pelos impostos de seus servos, eles e seus mordomos estavam diretamente interessados na cobrança e exata repartição do imposto dos servos.

A comuna era coletivamente responsável pela cobrança dos impostos diretos. Durante os séculos XVII e XVIII, isso resultará na fusão da comuna, como entidade administrativa fiscal e como grupo econômico agrícola.

A burocracia moscovita dos séculos XVI e XVII teve as maiores dificuldades para estabelecer uma unidade conveniente para avaliação do imposto territorial. As unidades variaram em diferentes épocas e conforme a região.

A comuna, sendo responsável pela repartição dos impostos a pagar entre seus membros, tinha interesse vital em impedir que diminuíssem seus componentes. Isso vale para o período de Pedro o Grande, após a introdução do imposto de capitação. Os censos eram feitos a cada vinte anos, porém o imposto a pagar permanecia numa média estável, independente das mudanças econômicas ou sociais ocorridas nesse intervalo de tempo.

Pedro o Grande não só reforçou o sistema comunal, como também aumentou a área do trabalho servil e a carga tributária que pesava sobre o camponês.

Introduziu o passaporte interno, tendo seus sucessores continuado essa prática até os dias de hoje [1988]. O passaporte possibilitava o controle da mão de obra pelo Estado e sua utilização como mão de obra forçada na construção de canais, da nova frota naval e no recrutamento de soldados para seu exército permanente.

Rebeliões camponesas

A reação dos camponeses, tanto russos como não russos, diante da extensão da servidão e a rapinagem dos funcionários do Estado, assumiu duas formas: a fuga ou a luta contra a opressão.

Já salientamos a importância da fuga na história da expansão russa interna e na definição da fronteira. A luta contra a expansão da servidão situou-se na fronteira, especialmente. Era a luta contra um centro de poder relativamente estável, ao mesmo tempo a sede do poder governamental.

Na fronteira sudoeste e do médio Volga, houve mais do que rebeliões; verdadeiras guerras civis que abalaram profundamente o Estado. Tornaram-se famosos na história russa os movimentos chefiados por Bolotnikov (1606-07), Stenka Razin (1670-71), Bulavin (1707-08) e Pugatchev (1773-75).

A filha do capitão, do célebre escritor russo Puchkin (1836), mostra um quadro do ambiente em que se desenvolvera a rebelião de Pugatchev, descrita num tom favorável aos camponeses rebelados.

Nessas guerras civis aparecem certos aspectos que se repetem, cuja análise facilitará a compreensão do campesinato e da história social da Rússia durante os dois séculos e meio anteriores à extinção da servidão.

Em *primeiro lugar*, cada uma dessas revoltas foi iniciada pelos cossacos do Don ou do Ural, com exceção da revolta de Bolotnikov. Os cossacos forneceram os dirigentes, que deram alguma organização militar a esses movimentos. Entre os rebeldes cossacos salientaram-se os camponeses fugitivos, os *costas nuas*, que se dirigiam ao sul da Rússia para fugir à servidão, especialmente após 1650, e que nada tinham em comum com a oligarquia cossaca privilegiada do baixo Don, cuja maior parte permaneceu distante dos rebeldes, às vezes opondo-se a eles. Nem Stenka Razin nem Bulavin estabeleceram uma base firme no baixo Don e não houve nenhum levantamento no Don para unir-se às forças de Pugatchev. Tampouco Stenka Razin ou Bulavin conseguiram firmar alianças com os cossacos da Ucrânia. Isso não impediu que, a título pessoal, inúmeros cossacos ingressassem nos bandos insurretos, porém as disputas e diferenças locais eram muito acesas para permitir a unidade contra as forças de Moscou.

Em *segundo lugar*, a importância básica dessas rebeliões consistia no fato de terem promovido a união dos cossacos com os servos e outras categorias camponesas. Os servos escriturados e os camponeses de Estado uniam-se e, na rebelião de Pugatchev, desempenharam papel proeminente nos Urais os camponeses adstritos às minas e às fundições de metais. Essa nova classe de servos enfrentava grandes dificuldades: a partir do século XVIII, na sua imensa maioria, tinham que trabalhar certo número de dias do ano em minas longe de suas aldeias; na realidade, eram operários industriais sem qualificação e agricultores pela metade, compartilhando as tradições e formas de vida dos camponeses. O pequeno grupo de operários especializados que trabalhavam nas fundições queria melhorar suas condições de trabalho, daí não tomar a iniciativa de destruir as fundições. É nesse meio que Pugatchev procurou conseguir as munições para os seus bandos mal armados.

Em *terceiro lugar*, Pugatchev, além de ter mobilizado os cossacos e camponeses, também contou com o apoio de trabalhadores diaristas, artesãos e muitos burocratas de escalão inferior, pequenos comerciantes e soldados rasos das guarnições. Quando os cossacos atacavam, encontravam nas cidades da fronteira amplo apoio entre os descontentes, oprimidos e vagabundos, que engrossavam suas fileiras.

Esse não era o caso das províncias mais antigas de Moscou. No século XVII, era geral a agitação urbana, mas os movimentos havidos em Moscou, em 1648 e 1662, Novgorod e Pskov em 1650, e Astrakhan, em 1705-06, ficaram confinados às cidades, não havendo união com os movimentos camponeses e nem aliança entre cidades. Somente em 1648 houve uma aliança entre várias cidades em rebelião, resultando daí a crise da Assembleia da Terra de 1648-49 e o novo código de leis.

Em *quarto lugar*, três das grandes rebeliões abrangeram tanto russos como não russos, e a de Bulavin coincidiu com uma prolongada sublevação dos *bachkires* nos Urais centrais (1705-11). A rebelião de Pugatchev também contou com o engajamento destes: era a quinta rebelião que haviam detonado no transcurso de um século. No médio Volga, muitos tártaros de Kazan, *maris*, *tchuvashes* e *mordvas* se rebelaram como o fizeram na época de Stenka Razin e na de Bolotnikov, tanto contra os russos, como também contra sua própria classe dominante.

Muitas unidades rebeldes eram compostas por russos e não russos, tanto que um dos lemas da rebelião camponesa de Stenka Razin era: "Por Deus e o Profeta, pelo Soberano e a Hoste" (isto é, a hoste cossaca). As grandes rebeliões camponesas se inseriam na longa luta contra o domínio russo do Volga e dos Urais.

As relações entre russos e não russos eram conflituosas, desde que os russos, independente da classe social a que pertenciam – servos, pequenos comerciantes, soldados de guarnição –, fossem partidários da expansão russa. Os *bachkires* sentiram-se agredidos pelo rápido processo de russificação dos Urais, quando Pedro o Grande instalou um grande complexo de exploração mineira, implantando inúmeras fundições, com trabalhadores russos de origem camponesa. Os *bachkires* reagiam a essa penetração incendiando e saqueando as casas dos russos. Pugatchev tentou em vão limitar essas depredações, pois precisava das oficinas para se abastecer de armas. Durante essa rebelião, metade das fábricas dos Urais foram danificadas e necessitou-se de meio século para que voltassem a produzir como antes.

A divisão religiosa entre russos e não russos era outro obstáculo à ação unificada entre os vários segmentos que compunham o campesinato, mas, por outro lado, constituía um traço unificador dos não russos.

Os *mullahs* (sacerdotes), islamitas, eram poderosos entre os tártaros de Kazan e os *bachkires*, e mantinham relações com os tártaros da Crimeia e com Constantinopla.

A força dos *mullahs* decai quando se verificam, no século XVIII, conversões em massa à religião ortodoxa, por causa das isenções de impostos aos conversos.

O islamismo e a defesa contra a colonização russa eram fatores de aglutinação dos povos não russos, porém suas divisões internas enfraqueciam sua oposição.

Antes do século XVII, os príncipes, latifundiários e comerciantes não russos encaravam as rebeliões camponesas como dirigidas contra si e não somente contra os russos. Somente após o século XVII eles se uniram com parte de seus servos contra a ação russa.

Assim, dois motivos significativos para a rebelião entre os não russos – a colonização russa e a defesa do islamismo – não podiam ser compartilhados pelos camponeses russos; da mesma forma, a situação comum dos camponeses russos e não russos – a carga da servidão e o desgoverno oficial – não era compartilhada pelos setores mais poderosos dos povos não russos. Essas divisões impossibilitavam qualquer aliança que pudesse iniciar um processo de revolta ou revolução.

Nos movimentos de revolta do século XVIII predominou consideravelmente o apelo aos Antigos Crentes, combinado com o ódio ao estrangeiro, no caso o alemão, visto como corruptor com suas novidades para consumo e ao mesmo tempo um fator de opressão do povo.

Um dos seguidores do revolucionário camponês Bulavin declarava: "Nós defendemos a antiga fé e a Casa da Mãe de Deus e também a vós, o povo comum, pois não nos deixamos seduzir pela fé grega (pelas reformas do monge Nikon no rito cristão ortodoxo russo)". No rio Ural, donde partiu Pugatchev (1773), os cossacos eram, em sua maior parte, Antigos Crentes, que sustentaram uma luta de dez anos com os oficiais alemães enviados de São Petersburgo como mediadores do conflito, em nome do governo russo.

Uma característica dominante nas rebeliões camponesas russas foi a luta contra a servidão e a opressão. O lema de Stenka Razin era muito simples: "Guerra ao latifúndio"; o de Bulavin era tão simples quanto o primeiro: "Nossos inimigos são os latifundiários e os que cometem injustiças. Vinde conosco, costas nuas, vinde todos, a pé, a cavalo, descalços. Aquele que não deixar o povo passar será enforcado".

Pugatchev, fazendo-se passar pelo czar Pedro III, lançava editos administrativos harmonizados com os sonhos e desejos de seus mais imediatos partidários. Razão pela qual "os camponeses do Ural começaram a agradecer a Deus, porque o sol brilhante, oculto durante muito tempo sob a terra, espraiou-se de novo sobre o mundo inteiro, podendo nos beneficiar com seu calor. Eles esperam que os rebeldes os libertem das bestas selvagens e cortarão as garras dos latifundiários malfeitores, dos oficiais e dos industriais". Após tomar Kazan por pouco tempo e cruzar o oeste do Volga (1774), dando a impressão de dirigir-se a Moscou, Pugatchev proclamou aos quatro ventos a abolição da servidão e a guerra contra a nobreza nos seguintes termos:

Concedemos a todos que até o momento foram servos e estiveram submetidos aos latifundiários, a antiga cruz e orações, cabeças e barbas, liberdade e isenções; serão sempre cossacos, sem recrutamento forçado, sem imposto de capitação ou outras contribuições em dinheiro, tendo a posse da terra, dos bosques, dos prados, da pesca, dos lagos salgados, sem nenhum pagamento; e libertamos a todos os oprimidos pelos latifundiários malfeitores, funcionários e juízes venais, os que até agora foram nobres em suas terras e propriedades, esses que se opõem a nós, perturbam o Império e arruínam os camponeses. Serão presos, castigados, enforcados, devem ser tratados da mesma maneira com que trataram os camponeses; esses latifundiários não tinham sentimentos cristãos e oprimiam a todos. Exterminando a esses inimigos e à nobreza malfeitora, todos começarão a desfrutar uma vida pacífica para sempre.

Pugatchev via o povo oprimido como "o povo comum, não um criminoso, mas nosso amigo e protetor", razão pela qual, como Stenka Razin, foi convertido em herói nas canções populares e nas histórias que circularam pela Rússia de boca em boca, nas quais figurava como o protetor do fraco e do pobre e, ao mesmo tempo, assumia a forma de violento conquistador ou mago, a que nenhuma bala podia atingir, que se livrava das correntes que o aprisionavam, escapando através do buraco de uma agulha.

Mais de 1.500 pessoas pertencentes à nobreza, entre homens, mulheres e crianças, e mais de 1.300 pessoas de outras

Maurício Tragtenberg

classes morreram nas mãos dos adeptos de Pugatchev. Isso levou Catarina a Grande a mobilizar seus generais mais capazes, atribuindo-lhes poderes ditatoriais, e a enviar batalhões de soldados regulares para cercar Pugatchev e restabelecer o Estado e os latifundiários nas regiões do Volga. Ao mesmo tempo, ela rapidamente reformava a estrutura dos poderes locais, para opor-se à rebelião. A nobreza via na rebelião de Pugatchev o abismo da revolução social, que só poderia ser contida pela mais implacável repressão militar.

No entanto, os camponeses não consideravam a revolta como rebelião contra o czar. Salvo entre alguns cossacos ou *bachkires*, o governo czarista era considerado tão natural como o Sol ou a Lua, conforme se depreende dos ditos populares correntes na época: "A opressão não parte do czar, mas de seus favoritos" ou "o czar é generoso, diferentemente de seus criados". A melhor ilustração disso temos no fato de Stenka Razin lançar-se ao campo de batalha "para defender o Senhor Soberano e suprimir os traidores", isto é, os funcionários e os latifundiários. As grandes revoltas e os pequenos movimentos de caráter local careciam de qualquer programa *político* que pudesse vincular-se a seu programa *social*.

Nesses momentos de grande conflito social, era comum declarar-se que o monarca reinante não tinha legitimidade, que era o Anticristo, que ocupava o lugar do governante legítimo dado falsamente como morto, mas na realidade vivo, que estava nas fileiras rebeldes ou se uniria logo aos mesmos, seus leais súditos. Isso explica a longa série dos pretendentes ao trono que apareceram com tanta frequência, ilustrando a influência dos boatos entre uma massa praticamente analfabeta, sua força no imaginário social do campesinato.

Pugatchev na realidade era um cossaco do Don, fugitivo procurado pela polícia, que se fez passar por Pedro III, o marido de Catarina a Grande, que fora deposto e assassinado em 1762. Corriam há muito tempo boatos de que ele vivia ainda, e antes de Pugatchev houve pelo menos quatro pretendentes que assumiram seu nome. Pedro III desfrutou de certa popularidade póstuma pelas repercussões de um édito seu que eximia a nobreza do serviço obrigatório ao Estado. Pensou-se na época que esse édito não fora obra do czar, mas de seus inimigos. Corria também o boato de que ele concebera um édito de emancipação dos camponeses, secretamente suprimido.

Dirigindo-se a seus adeptos, Pugatchev proclamara:

Há excelentes razões para que a nobreza me rejeite; muitos dos nobres, jovens ou maduros, embora aptos ao serviço e ao desempenho de cargos, retiravam-se de suas terras, vivendo do suor dos camponeses nas suas aldeias, arruinavam-nos e governavam o Império russo como queriam. Por isso comecei a obrigá-los a prestar serviço, queria expropriá-los de suas aldeias, obrigando-os a servir em troca de um salário. Castiguei os funcionários que julgavam os conflitos de forma injusta em relação à massa camponesa, oprimindo o povo; quis entregá-los aos verdugos. Por isso, começaram a cavar o fosso onde me enterrariam. Quando fui remar no rio Neva (em São Petersburgo) me prenderam, inventando uma lenda a meu respeito, obrigando-me a vagar pela superfície da Terra.

Após viver em terras estrangeiras, voltou Pedro "para ver como vivia o povo comum e as opressões que sofria nas mãos dos funcionários". Agora, tomou posse do que lhe cabia, unindo-se a seu filho Paulo – posteriormente imperador e, segundo acreditavam os cossacos dos Urais, em péssimas relações com sua mãe Catarina –, e iria a Kazan, Moscou e São Petersburgo, confinaria Catarina num mosteiro ou a obrigaria a voltar a seu país de origem.

Os boatos que partiam do quartel-general do falso imperador aumentaram, chegando ao Exterior. Imitando o governo central, Pugatchev criara um Colégio de Guerra; seus homens galopavam pelas estepes, levando as ordens imperiais e os éditos de imitação, que beneficiavam os povos nômades.

Não importava que Pugatchev fosse semialfabetizado, que tivesse uma esposa cossaca dos Urais, uma família constituída junto ao rio Don e que seus amigos próximos soubessem do embuste. Pugatchev raciocinava nestes termos: "um czar à frente da rebelião legitimava-a de certa maneira". Isso mostra bem a ambiguidade dos líderes rebeldes camponeses e a força de penetração da imagem do czar entre a população russa; mesmo uma rebelião contra o czar tinha de se legitimar por meio de outro czar em seu comando.

Um viajante inglês, visitando a Rússia na época, via-a como um depósito de combustível pronto a explodir. Porém os materiais incendiários, a maioria das revoltas camponesas, tinham caráter local, não se articulavam entre si, não chegavam a ter dimensão nacional; simples expedições punitivas do governo central bastavam para reprimi-las, exceto quando tomavam a forma de verdadeira guerra civil, como a rebelião de Pugatchev, obrigando o governo central a enviar seus exércitos para contê-las.

Os rebeldes tinham sucesso quando encontravam diante de si guarnições militares de segunda categoria; contra tropas equipadas, não tinham nenhuma possibilidade de vitória. Estavam muito mal armados – com exceção dos canhões obtidos por captura do inimigo –, possuíam poucos cavalos e tinham uma disciplina muito deficiente. Em geral, estavam sempre em marcha, deixando atrás de si uma série de incêndios e uma população aterrorizada.

Mesmo que se tratasse de grandes rebeliões, os revoltosos só podiam operar em regiões relativamente pequenas.

Os contingentes revolucionários compunham-se de 15 a 20 mil homens, número que aumentava ou diminuía com muita rapidez ao sabor dos acontecimentos. Somente a rebelião de Bolotnikov, entre as inúmeras revoltas camponesas, conseguiu golpear o centro da servidão e do poder governamental; as outras rebeliões, embora abalassem a estrutura do regime – caso da rebelião de Pugatchev –, não atingiram seriamente seu centro.

A Igreja russa

O século X caracterizou-se por um rápido avanço do cristianismo no extremo norte e leste da Europa, com o batismo de monarcas e a sua adoção como religião de Estado. Escandinávia, Polônia, Hungria e Rússia tornaram-se cristãs. Enquanto as três primeiras foram convertidas por Roma, a Rússia adotava o cristianismo que tinha sede em Bizâncio.

No século IX, Cirilo e Metódio ganharam o título de apóstolos dos Estados por seu trabalho missionário entre os checos e os eslavos do sul. Os eslavos balcânicos permaneceram nos quadros da Igreja ortodoxa grega. A conversão da Rússia, fruto das relações militares, políticas e comerciais da Rússia de Kiev com o Império bizantino e a Bulgária, ocorre a partir do batismo, em 988, de Vladimir, príncipe de Kiev, equivalente russo dos reis santos Olaf da Noruega e Estêvão da Hungria.

No século VIII, Kiev conhecera o cristianismo, uma religião dos ricos e poderosos. A conversão da Rússia se dera num período em que o antagonismo entre o papa e o patriarca provocou a ruptura entre a Igreja oriental e a ocidental, porém, no caso russo, a separação se deu menos pela adoção do cristianismo bizantino e mais como consequência do domínio mongol sobre o país.

Contrariamente ao Ocidente medieval, a Rússia não conhecia as ordens monásticas, os cânones regulares, os frades, as cruzadas, a cavalaria, o conflito entre o poder espiritual e o poder secular, nem a pesquisa científica ou filosófica sistemática. A ortodoxia, herdada de Bizâncio, significou a petrificação de práticas e ideias existentes na Igreja russa, que se caracterizava por nenhuma inovação teológica ou filosófica.

Inicialmente, a introdução do cristianismo na Rússia foi um assunto de príncipes, por sua conversão; posteriormente, ele se difundiu entre a população eslava, pelo fato de os eslavos não terem nenhuma tradição em matéria de sacerdócio, não apresentando assim nenhuma resistência à penetração da nova religião.

A organização e a prática da Igreja amoldaram-se às de Constantinopla. A nova hierarquia eclesiástica estava acostumada a um governo monárquico e centralizado, porém não encontrou isso na Rússia de Kiev; assim, limitou-se a ser mediadora nos conflitos entre os príncipes, recorrendo à exortação e aos castigos espirituais e não utilizando a arma da excomunhão contra os príncipes.

O metropolitano de Kiev, nomeado pelo patriarca de Constantinopla e submetido a sua jurisdição, foi o primaz da Igreja a partir de 1037. Os bispos eram nomeados pelos príncipes locais e consagrados pelo metropolitano. No início eram recrutados entre os gregos; posteriormente, entre os russos. Os bispos eram escolhidos entre os frades e o clero secular podia casar.

O monaquismo desenvolveu-se nas principais cidades, contando com dotação em dízimos e terras. O baixo clero nada mais era do que um grupo de mercenários de seus paroquianos ou senhores, eleitos e depostos por eles; somente nos séculos XVII e XVIII passarão a ser controlados pelos bispos.

A partir do século XVIII, tornam-se uma casta hereditária, cujos membros eram recrutados entre o povo. Semialfabetizados, por sua origem social gozavam de considerável influência entre a população russa.

Surgiram tribunais eclesiásticos para julgar a observância aos regulamentos e às matérias de moral e bons costumes. Processos criminais eram julgados com a participação de leigos unindo-se os tribunais eclesiásticos aos laicos para tal fim.

Surge um conflito entre a área de poder dos tribunais eclesiásticos e laicos, cuja delimitação era muito fluida; tendo desafiado as restrições ao poder eclesiástico, Nikon, o patriarca de Moscou, em 1649, obteve vitória parcial; depois, sob Pedro o Grande, os tribunais seculares triunfam.

A partir do século XIV, os mosteiros e os episcopados – proprietários de terra – adquiriram direitos especiais de jurisdição sobre os arrendatários e camponeses e, ao mesmo tempo, privilégios em serviços, comércio e impostos. Quando no século XVII estabeleceu-se a servidão, a Igreja possuía grande número de servos e poderes mais amplos do que os exercidos pelos latifundiários leigos. As funções administrativas e judiciais da Igreja russa eram exercidas por leigos; isso levou à secularização de seus tribunais e de suas terras.

Moscou herdou de Bizâncio sua religião, seu direito, a visão de mundo, a arte e a escrita. A escrita cirílica surge com o alfabeto inventado por Cirilo, no século IX, tendo como base a língua grega; conhecido depois como "eslavo da Igreja", continuou sendo a língua utilizada no âmbito eclesiástico.

A cultura na Rússia de Kiev resumia-se a traduções da Bíblia, dos livros de serviços religiosos e das coleções bizantinas dos padres, dos concílios e dos livros jurídicos.

A transmissão da herança escrita dos bizantinos se deveu às versões eslavas fundadas em originais gregos. Em traduções sérvias, os russos conhecem a história de Troia e a vida de Alexandre o Grande. Da literatura popular sobreviveu o *Conto de Igor*, tema de uma ópera de Borodin. A Igreja olhava com suspeita a literatura e os cantos populares, em vista do aspecto pagão predominante, vinculado a mitos e superstições não cristãs.

A religião dominou a arquitetura e a pintura até o século XVI; a construção com base na utilização de pedra e ladrilhos era monopólio da Igreja, cujos artesãos eram gregos ou tinham recebido conhecimentos em grego.

A arquitetura foi a área em que a criatividade russa teve espaço para aparecer, em virtude de sua capacidade de utilizar a herança cultural de outras civilizações, reformulando-a conforme a própria realidade. A Rússia sofreu influência bizantina, do renascimento e do barroco, porém aliada a elementos eslavos, também com influências armênias, persas e alemãs. Após ter copiado a Igreja de Santa Sofia de Constantinopla no século XI, no século seguinte desenvolveu-se uma versão russa da arquitetura bizantina. Esse estilo floresceu na Rússia,

A Igreja de Moscou

A reunião entre as Igrejas oriental e ocidental, aparentemente conseguida no Concílio de Florença em 1439, foi repudiada no território russo. O metropolitano Isidoro, que participara do concílio, fora obrigado a deixar o país perseguido pelo grande príncipe, que apoiava o clero de Moscou.

Em Moscou, o Concílio de Florença teve o efeito de intensificar o nacionalismo da Igreja. Dessa maneira, a Rússia dava um exemplo, seguido no século XIX por outros países ortodoxos, de independência política, impondo a autonomia eclesiástica.

O novo nacionalismo religioso moscovita ligou a Igreja ao Estado na pessoa do czar ortodoxo. Moscou convertera-se na "Terceira Roma", "Segunda Jerusalém" ou "Segunda Arca de Noé", e a Rússia transformou-se na "Santa Rússia". A Igreja russa era fortemente nacionalista e, ao mesmo tempo, universalista no quadro da tradição bizantina, originando correntes messiânicas eslavistas de múltiplas tendências.

A Rússia não passou pela Reforma como a Europa, porém assistiu à formação de uma Igreja nacional que secularizou as suas terras.

O renascimento religioso dos séculos XV e XVI, na Rússia, fora acompanhado da extensão dos domínios territoriais da Igreja, dos seus mosteiros e da prestação de serviços ao Estado. No século XVI, os mosteiros concorriam com os latifundiários leigos, atraindo mão de obra camponesa para seus domínios e centralizando finanças e crédito, pois concentravam em suas mãos inúmeros tesouros.

O fato de os mosteiros possuírem terras levará à eclosão de movimentos reivindicatórios contrários, especialmente nas co-

A Revolução Russa

munidades do Volga, com a liderança carismática de Nil Sorski (1433-1508), filho de camponeses, que defendia o ponto de vista de que a purificação da Igreja só poderia acontecer à medida que ela abrisse mão das terras monásticas, concentrando sua atenção nas necessidades espirituais do indivíduo.

Contra essa escola da *não propriedade* reagiram os ricos e os mosteiros, pois seus administradores recrutavam-se entre os latifundiários. O abade José de Volokolamsk abraçou a defesa da propriedade eclesiástica da Igreja russa, argumentando que os mosteiros funcionavam como escolas para instrução dos chefes da Igreja, que tinham de ser de "boa família". Seus adeptos ganharam a contenda no Concílio de 1503. Ivan o Grande e Ivan o Terrível foram partidários da secularização dos bens dos mosteiros, aumentando os impostos que estes deviam pagar e os serviços ao Estado que seus camponeses deviam prestar; ao mesmo tempo, frearam a aquisição de bens monásticos, limitando também os privilégios eclesiásticos.

Durante o século XVII, o Estado russo reduziu a jurisdição e o poder econômico da Igreja, submetendo os mosteiros a um Departamento Monástico vinculado ao Estado. O patriarca Nikon opôs-se violentamente à medida, mas sem sucesso, pois Pedro o Grande, impressionado com o fato de um terço da mão de obra camponesa servir à propriedade eclesiástica, anulou os tribunais eclesiásticos, colocando as terras da Igreja sob domínio do Estado.

Quase um milhão de servos da Igreja converteu-se em camponeses do Estado a partir de 1764, sem que a Igreja fosse indenizada por isso. O Estado passou a ficar com parte dos bens produzidos nas terras da Igreja, repartindo a parte remanescente entre o clero.

A subordinação da Igreja ao Estado levou a um divórcio entre a Igreja oficial e a religião praticada pelo povo, provocando depois um cisma no interior da própria Igreja oficial.

O patriarca Nikon (1605-81), oriundo de uma família camponesa de Novgorod, ostentava uma mescla de orgulho pessoal, sabedoria, ascetismo e arrogância. Defendeu a subordinação do czar ao patriarca e a superioridade do poder espiritual sobre o material. Os temas medievais ocidentais do Sol e da Lua, das duas espadas, da doação de Constantino, surgiam em Moscou com profunda virulência. Sua ascendência pessoal sobre o czar Alexis não impediu que fosse condenado e deposto por um concílio da Igreja, assistido pelos dois patriarcas orientais, em 1666. Esse concílio decidiu que o czar possuía autoridade na área do Estado e o patriarca na área da Igreja. Em 1700 não existia nenhum patriarca, mas um czar que considerava os clérigos servidores civis e os frades uma gangrena de parasitas.

O cisma e suas consequências

Embora Nikon deixasse de ser o patriarca todo-poderoso, foi vitorioso como reformador. Suas reformas, que se referiam unicamente à liturgia e ao ritual, implicavam a correção dos textos da Bíblia e dos livros dos serviços religiosos, conforme os melhores manuscritos e a prática grega. Nikon declarava publicamente: "sou russo e filho de russo; por minha fé e convicções, sou grego". Isso seus adversários não podiam admitir.

A oposição a Nikon na área religiosa partia dos *Antigos Crentes* liderados por Avakhum, homem do povo e adversário de qualquer influência estrangeira. A oposição, de caráter fortemente nacionalista e moscovita, além de sua origem religiosa, assumiu uma forma de protesto social contra a centralização e contra a opressão da Igreja e do Estado. Os Antigos Crentes fundavam seu nacionalismo religioso no princípio de que a Rússia era Santa pelo fato de ser a sede da ortodoxia, e só continuaria Santa enquanto preservasse esse valor.

O mesmo concílio responsável pela queda de Nikon pregou a obediência absoluta a suas reformas; o czar obrigou ao cumprimento dessas decisões, inclusive queimando os recalcitrantes, juntamente com o líder do cisma, Avakhum.

A Revolução Russa

Os Antigos Crentes recorrem à resistência passiva, à fuga, a autos-de-fé voluntários e à resistência armada. O cisma converte-se num fato consumado, com dois resultados de significativa importância.

Os Antigos Crentes constituíam um setor considerável dos ortodoxos, com predominância de comerciantes ou camponeses, não havendo entre seus adeptos nenhum membro da classe latifundiária ou da nobreza cortesã. Identificavam o czar com o Anticristo por renegar a ortodoxia e obrigar a cumprir as reformas. Viam no poder de Estado uma tirania maligna, especialmente pela forma de vida ocidentalizante de Pedro o Grande e pela energia com que implementou suas reformas. Os Antigos Crentes buscaram refúgio em pequenas comunidades próximas à fronteira, onde se tornaram admiráveis colonizadores; porém, sua dispersão diminuía o perigo potencial que representavam ao Estado, embora se tornassem aliados do descontentamento camponês endêmico existente às margens do Volga e do Don.

Segundo eles, haveria duas hipóteses acerca do destino do mundo: na primeira delas, sua Igreja, a Igreja Viva, ganharia a disputa e suprimiria as reformas de Nikon; caso contrário, surgiria o fim do mundo e o reino do Anticristo.

As reformas não foram suprimidas, mas implementadas, e o fim do mundo não veio, apesar da vinda do Anticristo – isso levou os Antigos Crentes a enfrentar uma série de problemas.

A ala direita do movimento, aferrada ao sacerdócio e à ortodoxia, evoluiu lentamente para uma posição de compromisso com a Igreja oficial e o Estado, chegando a obter liberdade completa em 1905.

A ala esquerda evoluiu rumo à formação de grupos sectários, de tipo individualista, com o abandono do ritualismo e da tradição religiosa em favor da independência do espírito; valorizando a religião subjetiva, a religião real era fundada na fé interior. O cisma teve como efeito introduzir na Rússia várias experiências de vida espiritual inteiramente separadas da Igreja oficial, fato não ocorrido em nenhum país moderno ortodoxo.

Até fins do século XVIII, existiam múltiplas seitas russas, do tipo evangélico, racionalista, místico, seitas reforçadas por protestantes alemães e influências batistas posteriores. Alguns dissidentes tinham posições radicais a respeito do não pagamento de impostos ao Estado e da não prestação de serviço militar; quase todos eram partidários de uma ordem social oposta à autocracia, rejeitando qualquer forma de governo estatal.

As perseguições oficiais levaram inúmeras seitas à clandestinidade, promovendo migrações frequentes e contínuos deslocamentos de população. No conjunto, os dissidentes podem ser considerados uma força igualitária: privilegiavam a educação, atribuíam alto *status* à mulher na comunidade, com direitos iguais ao homem, e criaram organizações de vida societária fundadas na autonomia, com uma forma de vida muito simples unida a uma prosperidade material considerável.

No início do século XX, as inúmeras seitas religiosas espalhadas pelo território russo chegavam a abarcar 25 milhões de pessoas. Elas estiveram sempre à margem de qualquer atuação partidária; embora possuindo influência local, nenhuma delas chegou a atingir nível nacional.

O segundo resultado importante do cisma religioso foi o fato de a Igreja subordinar-se ao Estado, carecendo de força para se opor à influência laica que emerge com a ocidentalização e a industrialização russas.

Quando Pedro o Grande vence os suecos, abole o Patriarcado, substituindo-o por uma junta administrativa colegiada, o Santo Sínodo (1721). Esperava-se que os membros do Santo Sínodo contribuíssem para formar súditos obedientes, da mesma maneira com que os membros do Colégio de Minas e Manufaturas formavam sua mão de obra. A Igreja russa converte-se numa peça da máquina do Estado.

Um Antigo Crente via a Igreja russa nos seguintes termos: "A chamada fé ortodoxa é uma extensão da Coroa e do Tesou-

A Revolução Russa

ro, um símbolo oficial. Não está fundada em sincera convicção, mas limita-se a cumprir com seu dever como um instrumento do Estado para perservação da ordem". A partir de 1824, o Sínodo será dirigido por um procurador-chefe do Estado que era na realidade o ministro do czar para assuntos religiosos. A Igreja identificou-se com a autocracia e o nacionalismo russos. Os povos não russos que antes dispunham de liberdade religiosa, a partir de Nicolau I (1825-55) foram obrigados a adotar a ortodoxia russa como religião, tanto quanto os ucranianos. No interior da Igreja ortodoxa aprofundou-se o abismo existente entre o alto e o baixo clero, como sucedera com a França às vésperas da Revolução de 1789. A novela *Os da Catedral*, de Lieskov, ilustra a vida do baixo clero russo na época.

No século XVIII a Igreja ortodoxa canoniza Zadonski, que inspirou o personagem de Dostoievski do romance *Os irmãos Karamazov*, o padre Zózimo. A igreja russa não produziu uma figura comparável a Leão XIII, mas criou um Pio XI na figura de Pobedonostzev, procurador de Sínodo entre 1880 e 1905.

As principais correntes religiosas na Rússia fluíam por correntes laicas como a dos eslavófilos, e a atividade reformadora dos leigos, nas suas tentativas de reformar a Igreja burocratizada, caracterizou a ortodoxia russa durante as Revoluções de 1905 e 1917.

Quando estala a Revolução de 1917, a Igreja ortodoxa russa é a única instituição que permanece inalterada diante das reformas havidas no país no século XIX e inícios do século XX.

A liberdade religiosa no Império russo havia sido concedida em 1905. A posição da Igreja ortodoxa tornava-se cada vez mais insustentável social e politicamente, em função da debilidade do reinado de Nicolau II e da influência nefasta de Rasputin sobre a imperatriz e os cortesãos. Rasputin representava o personagem de "enviado de Deus" e ao mesmo tempo de curandeiro; decidia as nomeações para os mais elevados cargos da Igreja e do Estado. Foi assassinado pelo príncipe Iussupov em 1916.

Nos inícios de 1917, desaparece o Sínodo como instituição, substituído por um concílio eclesiástico nacional dirigido por leigos.

Esperava-se que a Assembleia Constituinte separasse a Igreja do Estado, retirando daquela qualquer subsídio oficial, mas isso não ocorreu. Após a tomada do poder pelos bolcheviques, proibiu-se a prática da religião e as escolas religiosas foram fechadas. O patriarca da Igreja ortodoxa excomungou os bolcheviques. Em 1905, as reformas religiosas poderiam unir a Igreja; em 1917, a revolução desintegrou-a. Iniciava-se um novo capítulo na história russa.

2
A sociedade russa pré-revolucionária

A Revolução Russa é o acontecimento mais importante do século XX, representando para este tanto quanto a Revolução Francesa para o século XVIII. Antes de mais nada, precisamos entender no que a Revolução Russa constitui uma negação da sociedade imperial russa que a antecedera.

Veremos, para explicar as características da sociedade russa pré-revolucionária: o ambiente físico, o Estado autocrático, a estratificação social da época, a economia agrária e o caráter multinacional do Império russo.

O que mais caracterizava o espaço da Rússia imperial era sua dimensão, localização e nível de pobreza.

Assim, a conquista da Sibéria nos séculos XVI e XVII significou enorme alargamento do território dominado por Moscou.

No entanto, esse vasto território herdado por Pedro o Grande não possuía fronteiras bem definidas nem saída para o mar, adequada ao intercâmbio comercial, e estava sujeito a inúmeras pressões na extensa fronteira com a Europa e a Ásia ocidental.

As numerosas guerras dos séculos XVII e XVIII ampliaram de tal forma as fronteiras do Império, que a Rússia tornou-se o maior país do mundo em extensão territorial.

A população russa passara de 14 a 170 milhões de pessoas, a ponto de, em 1917, ocupar o terceiro lugar mundial, atrás da China e da Índia.

A localização do Império russo tinha grande importância cultural, em virtude de possuir fronteiras com a Europa e a Ásia, numa área que se inicia no Bósforo.

Durante os séculos passados, as culturas bizantina e, em grau menor, a mongol e a otomana exerceram influência na cultura moscovita. Nesse sentido, pode-se considerar que tanto a Rússia quanto Bizâncio tinham suas raízes culturais plantadas na Ásia e na Europa. Num período em que o imperialismo europeu atingia o mundo inteiro, a Rússia sofria o impacto dos problemas tanto dos países com os quais tinha fronteira, como dos que estavam mais distantes.

A Rússia unia imensa extensão territorial a imensa pobreza econômica da maioria da população. Esse território não garantia à Rússia uma agricultura produtiva, pois só pequena parte dele era apropriada para a agricultura. E muitas dessas terras possuíam um clima inóspito e terras empobrecidas por técnicas agrícolas antiquadas.

Antes de 1914 a Rússia já tinha desenvolvido a exploração do petróleo e algumas formas de exploração de minérios.

Diante de uma sociedade civil tão fraca, durante os séculos XVIII e XIX, o czar e o aparelho estatal tiveram papel tão importante na Rússia a ponto de Trotski, na sua *História da Revolução Russa*, referir-se a essa autonomia relativa do Estado perante a sociedade civil como "herança asiática" ou "despotismo oriental".

O Estado russo regulava inúmeros aspectos da atividade humana. O governo era formalmente uma autocracia, no sentido de que a atividade política estava concentrada na figura de um autocrata, rei ou príncipe.

A teoria da autocracia era originária do pensamento político bizantino, adaptado às práticas administrativas tártara e otomana nos séculos XV e XVI, quando os príncipes de Moscou consolidaram seu poder político sobre o conjunto do Império russo.

Teoricamente uma autocracia, na prática havia na Rússia uma oligarquia latifundiária que custou a ser incorporada ao novo Estado.

Somente com o advento da dinastia dos Romanov, em 1613, o sistema administrativo centralizado e burocrático permitiu que o imperador se libertasse da tutela da Assembleia dos Nobres. Foi esse o sistema que Pedro o Grande implantou e racionalizou com base em modelos europeus, especialmente o sueco, para formar o Estado regulador que se manteria até 1917.

Porém, é importante salientar a relação do autocrata com a oligarquia e o papel do Estado na sociedade. Dois quintos dos 40 milhões de camponeses da Rússia europeia estavam sob administração direta do Estado. O Estado administrava o Santo Sínodo, a Academia de Ciências, controlava o ensino superior na sua totalidade e a maior parte do ensino primário e secundário; utilizando-se também da censura, exercia influência sobre o conjunto da vida intelectual do país. As mudanças econômico-sociais que seguiram a emancipação dos servos, realizada por Alexandre II, vieram acentuar a ingerência do Estado na sociedade.

Formalmente o Estado dividia em três categorias os cidadãos do Império russo: os nascidos no país, os estrangeiros e os finlandeses (que constituíam categoria à parte, em virtude de habitarem um grão-ducado autônomo).

Os nativos estavam divididos mediante um estatuto que os definia como nobreza, clero, burgueses e camponeses. Porém a divisão era mais complexa: havia a nobreza hereditária e aquela a que se ascendia por virtudes pessoais; os burgueses estavam subdivididos em quatro categorias diferenciadas: cidadãos notáveis, mercadores, comerciantes e artesãos.

O clero constituía predominantemente uma categoria ocupacional, pois os que o abandonavam, como os filhos de clérigos, eram considerados legalmente burgueses e cidadãos notáveis. Um nobre podia pertencer ao clero.

Somente os camponeses formavam uma classe legalmente homogênea, apesar das diferenças consideráveis entre os camponeses que serviam ao Estado e os servos.

Porém, mais significativa que essa divisão formal, era a que prevaleceu basicamente até a Revolução de 1905: a diferença entre os privilegiados e os não privilegiados.

Os privilegiados não estavam sujeitos a impostos diretos nem a castigos corporais e podiam locomover-se livremente pelo país. Apenas os nobres e burgueses compreendidos no grupo de cidadãos notáveis gozavam desses privilégios, representando 1% da população. Até 1861, a nobreza possuía o direito de ter servos como sua propriedade.

Aos privilegiados cabia a direção do Estado, ao passo que os não privilegiados sustentavam-no com seu trabalho e pagamento de pesados tributos. Além disso, os privilegiados dominavam o acesso à educação universitária. O aumento das liberdades políticas durante a Revolução de 1905 levou o governo a ceder às pressões dos não privilegiados.

Na Rússia imperial existia uma organização corporativa das classes e estamentos sociais; assim, a nobreza hereditária, os três grupos de burgueses – comerciantes, mercadores e artesãos – e os camponeses estavam organizados corporativamente em províncias, cidades e vilas. Essas associações eram responsáveis pela conduta de seus membros e, no caso específico dos burgueses e camponeses, elas preenchiam funções disciplinares e tributárias.

Tal estrutura corporativa, criada e mantida pelo Estado, conservava isolados os vários setores da sociedade civil russa. Somente no século XIX, em decorrência da libertação dos servos, da migração rural-urbana e da formação de um proletariado urbano-industrial, é que se vislumbrou uma ação eficaz contra o Estado.

No caso dos camponeses, a maioria da população russa até a Revolução de 1917, estavam sujeitos ao regime da servidão. Mas com características diferentes em relação às do feudalismo ocidental. Enquanto no Ocidente era um sistema fundado numa relação contratual entre senhor e vassalo, a servidão russa, basicamente de caráter econômico, fundava-se no *édito do rei*. A servidão constituiu nas mãos do Estado um recurso para assegurar uma arrecadação fiscal estável e permanente, num país onde havia abundância de terra e a agricultura representava a principal fonte de exploração econômica, mas onde a mão de obra era escassa.

Isso não quer dizer que tal estado de coisas fosse aceito passivamente pela massa camponesa. No século XVII, deu-se a gigantesca sublevação camponesa liderada por Stenka Razin e no século XVIII a rebelião camponesa liderada por Pugatchev; ambas não conseguiram destruir o regime russo, porém o abalaram consideravelmente.

Essas rebeliões camponesas de origem espontânea, mas organizadas, tiveram como alvo atingir os grandes latifundiários, a aristocracia urbana e a venalidade dos ocupantes de cargos públicos no país, os burocratas de Estado.

Papel importante nesse processo de luta interna nos quadros da sociedade imperial russa coube ao movimento Dezembrista, surgido em dezembro de 1825.

Anticzarista, pretendia a abolição da servidão e a formação de um regime constitucional republicano. A rebelião partiu de parte da nobreza e da burguesia, descontentes com o regime, mobilizando alguns regimentos militares.

Como resultado da repressão, cinco líderes do movimento foram condenados à forca, alguns exilados e centenas de seus membros feitos prisioneiros.

Grande parte dos dezembristas eram ex-exilados russos que viveram na França, onde puderam conhecer um regime mais liberal que o dominante na Rússia.

O campesinato protestava contra a servidão, resmungava contra a autocracia, porém venerava cegamente o czar. O aspecto extraordinário que assumia a figura do czar perante o campesinato se devia à ação da burocracia e do clero russo, que se encarregavam de mitificá-lo como o Pai do país.

O povo acreditava que, se conseguisse dirigir-se diretamente ao czar, este entenderia seus sofrimentos, sua exploração e puniria os responsáveis: a classe dominante. A figura do czar aparecia como o Salvador que, consciente do sofrimento do povo, iria liberá-lo do jugo dos latifundiários, burocratas e exploradores.

A Europa acompanhava o desenvolvimento do capitalismo, modernizando-se: eleições ao Parlamento, partidos políticos, concentrações urbano-industriais e a constituição de um funcionalismo burocrático relativamente qualificado, somados ao desenvolvimento do ensino leigo pela ação do Estado e ao direito de cidadania de que desfrutava a classe trabalhadora em formação.

E a Rússia? A classe dominante russa procurou adaptar-se defensivamente a uma Europa em transformação com as reformas de Pedro o Grande, que racionalizou a estrutura civil e militar do governo, reforçando o seu controle sobre os nobres e burgueses e o dos latifundiários sobre o campesinato.

O desenvolvimento do capitalismo europeu levou a Rússia, sob Alexandre I e Nicolau I, a elaborar muitos planos reformistas. Essas reformas modernizantes impuseram-se após a derrota da Rússia na Guerra da Crimeia, que mostrou a incapacidade do exército russo de fazer frente a um exército moderno. A emancipação dos servos em 1861 marcará a data do início do processo reformista.

As iniciativas de modernização na Rússia continuarão nas tentativas de reforma agrária de Stolipin – ministro de Kerenski – e com o Conde Witte que, por meio dos investimentos alemães e franceses, pretendia promover a *industrialização por cima*, como o fizera a dinastia Meji no Japão, a Prússia na Alemanha e a classe dominante italiana após o *Risorgimento* com Mazzini.

Entre 1861 e 1917, a autocracia russa implantou uma série de reformas similares às realizadas na França pelas revoluções de 1789 e 1848. Mas com uma diferença fundamental: enquanto as reformas russas vinham *de cima*, da autocracia dominante, as francesas vinham *de baixo*, através de revoluções populares. Isso explica a persistência da tradição democrático-social na França e o fato de a Rússia ter vivido o liberalismo democrático no período intermediário entre a morte do autocrata Nicolau II e a subida ao poder de Lenin, sendo Kerenski o personagem principal desse período.

Porém, voltemos a um ponto já enunciado por nós anteriormente, o da abolição da servidão constituir-se numa pré-condição para a Rússia modernizar-se.

Formou-se um comitê encarregado dessa reforma, cujos membros eram eleitos pela *nobreza territorial* de cada região para elaborar o manifesto (o estatuto dos camponeses libertos da servidão). As formas pelas quais essa libertação deve realizar-se dividem a nobreza: o camponês deve ou não possuir um lote de terra? Em caso afirmativo, de que tamanho? Ele deverá pagar para ser libertado? O que pode ser exigido dele?

Tais divergências não são gratuitas; correspondem a interesses econômicos divergentes entre a nobreza das regiões agrícolas e a das regiões industriais, entre os proprietários dos servos que trabalhavam nas usinas ou minas e os dos servos camponeses, que vivem do *obrok*.

Obrok é uma forma de renda feudal, paga *in natura* ou em dinheiro, que os camponeses entregam ao proprietário das terras, ao passo que outros proprietários são pagos pelo camponês com seu trabalho, que cobre 40 jornadas anuais, contadas por dia de 12 horas no inverno e 9 horas no verão. O *obrok* representa a indenização paga pelo camponês pelas terras que o proprietário coloca à sua disposição para cultivo.

Os proprietários das regiões férteis (terras negras, Ucrânia, sudoeste da Rússia), pouco industrializadas, onde domina a exploração do camponês pela *barcina* (as 40 jornadas de trabalho anuais), só têm um desejo: ampliar suas terras em detrimento dos camponeses, pois o valor de sua propriedade territorial está fundado no tamanho e fertilidade das mesmas e não no número de servos disponíveis. Para esses latifundiários, a abolição da servidão coloca como questão fundamental o tamanho do lote que cederão aos camponeses, e não a compra da liberdade do servo por dinheiro.

De forma diversa ocorreu nas regiões centrais e do norte da Rússia, onde o servo estava submetido ao regime do *obrok*. Esse servo não trabalha obrigatoriamente no campo; pode ser integrado numa usina ou fábrica e continuar na condição de servo, pois sua partida para a cidade não rompe as relações de servidão. Nestas regiões, para conseguir a liberdade, deve o camponês comprá-la em dinheiro, recebendo um lote de terra para permanecer onde se encontra.

A reforma é fruto de um compromisso entre as duas tendências: a doação de um mísero lote de terra e o pagamento da liberdade pelo servo.

O manifesto é assinado por Alexandre II a 19 de fevereiro e publicado a 3 de março de 1861. Refere-se unicamente aos servos dos domínios senhoriais, pois os servos do czar e de sua família serão liberados somente em 1863.

O manifesto estima dois anos como um período transitório, com a corveia e o *obrok* mantidos em caráter provisório. O sistema de passaportes internos que limitam a liberdade de ir e vir do camponês continua em vigor e o antigo servo já liberto não pode deixar a cidade onde se acha sem autorização de seu patrão. Ganha o direito de casar-se livremente e fundar empresas comerciais. Fica estabelecido um segundo período, denominado de *dependência temporária*, enquanto não for decidida a partilha da terra entre as partes interessadas diretamente, em que o proprietário da terra continuará recebendo a renda feudal e o regime de trabalho de 40 jornadas anuais continua mantido. É o senhor que decide o momento em que o camponês deve ser libertado da servidão: pode fazê-lo imediatamente ou, se quiser, utilizar a seu favor o período de oito anos de que dispõe para tal.

É a abolição da servidão que permitirá a industrialização do país e a emergência de uma burguesia, embora se deva dizer que a abolição da servidão não esteja vinculada diretamente à industrialização. A maior parte das reformas agrárias havidas na Europa no século XIX demonstra que seus autores eram contrários ou, no mínimo, indiferentes à industrialização.

O grande arranco industrial da Rússia no período pré-revolucionário se dará nas últimas décadas do século XIX. Isto é, trinta anos após a emancipação dos servos.

É um período em que o Estado assume para si a função de construir a infraestrutura da industrialização mediante a implantação e desenvolvimento do sistema ferroviário. O desenvolvimento ferroviário permitiu ao governo manter a procura de produtos industriais. O Estado estimulou o processo aplicando recursos de que dispunha, colocando a política tributária a serviço da industrialização.

O Estado dedicou-se especialmente a desenvolver a produção de ferro e de aço e as indústrias mecânicas.

Isso apesar de a Rússia contar com poucos empresários, a maioria com visão limitada do processo econômico, e hábitos comerciais atrasados. Ao lado disso, baixo nível cultural e rebeliões contra a *disciplinação* fabril completavam o quadro.

Contando com pouca mão de obra disponível e baixa produtividade, o empresariado russo utilizou a transferência de tecnologia ocidental para vencer esses obstáculos.

O fato de o Estado intervir na economia, investindo recursos, permitiu à Rússia, fundada em tecnologia moderna, que formasse um proletariado industrial em que as deficiências quantitativas e qualitativas da mão de obra fossem superadas. Nessa época, a tecnologia alemã predominou nas importações russas.

Toda a política do ministro Witte (1892-1903), chamado o "pai da indústria russa", consistia em estruturar bases financeiras sólidas que, à falta de capitais russos, propiciassem confiança ao capital estrangeiro, cujo afluxo acelera-se entre 1893-95.

Só após a liberação do campesinato da servidão é que o mercado de trabalho iria contar com mão de obra "livre", que despertaria regiões como a Ucrânia para a vida industrial após 1880. As novas indústrias, fruto do investimento estrangeiro, fabricam equipamentos para o sistema ferroviário, utilizam combustível mineral e estão equipadas com o material mais moderno (*made in USA*).

A mecanização da indústria têxtil liquidou o artesanato e o trabalho a domicílio, concentrando a mão de obra têxtil em unidades fabris – o número de trabalhadores a domicílio no ramo têxtil regride de 66.200 para 50 mil, enquanto o número de operários na área das profissões mecânicas cresce de 94.600 para 162.700. Instalam-se grandes manufaturas fornecedoras do Estado.

A navegação a vapor reduzira o número de estaleiros de construção naval que existiam ao longo do rio Volga e 20 mil km de vias férreas foram construídos entre 1860-70. Em 1855, a ligação ferroviária Moscou – São Petersburgo (ex-Leningrado) permitiu a instalação das tecelagens de Krengholm, que empregavam mais de 12 mil operários, constituindo um dos maiores centros da indústria algodoeira russa.

A Ucrânia apresenta-se como um fenômeno típico do que chamaríamos *revolução industrial*: rápida multiplicação de empresas, desenvolvimento de cidades, migração rural – urbana e concentração da mão de obra em torno das fábricas. Em 1900, a Ucrânia produzia mais da metade da fundição metalúrgica da Rússia, com seus 29 altos-fornos em atividade.

Como consequência, os que continuam a ser contados como camponeses nos registros oficiais de 1890 acham-se separados da terra, numa cifra que atinge 80% só em Moscou.

A revolução industrial na Rússia enriqueceu uma minoria no meio rural, abalou a estratificação social tradicional pré--capitalista, fazendo crescer a burguesia industrial e a classe dos mercadores e dando origem a um proletariado. Impulsionou o povo à ação social e política. O Estado russo autocrático e tradicionalista, às vésperas da Primeira Guerra Mundial, por pressão popular, enveredará pelo caminho do constitucionalismo ocidental.

Entre a burguesia russa, os novos industriais do algodão representam a nata da nova classe; seus filhos formam-se em universidades, viajam ao Exterior, conhecem o francês (língua da cultura) e o alemão (língua comercial) e estagiam em fábricas suíças ou inglesas.

Enquanto isso, aumenta o número de proletários: de 1.189.000, em 1879, passaram a 2.208.000, em 1903. Não são números precisos, pois mesmo no início da Revolução Russa ainda havia o fenômeno dos operários nômades, trabalhadores temporários, fortemente vinculados às suas origens rurais. Em 1914, a Rússia, para uma população total de 175 milhões de habitantes, possuía aproximadamente 3 milhões de operários.

A população assalariada que trabalhava nas fábricas, em domicílio ou como artífices, e os trabalhadores de construção, atingiam um total de 7.600.000, ao passo que os trabalhadores no setor dos transportes chegavam a 1.315.000, os operários agrícolas a 4.500.000, e diversas categorias de assalariados – na qualidade de empregados do comércio e de hotéis, serventes e temporários – a 4.065.000 pessoas.

Esse proletariado é composto em sua maioria por migrantes das aldeias que já não tinham terras para serem cultivadas. Muitos camponeses praticam o artesanato, separando-se assim do meio rural. Criavam-se verdadeiras "Manchester" russas: na cidade de Ivanovo-Voznesensk, que tinha 100 mil habitantes em 1906, os operários constituíam um quarto da população. Em 1855, em Moscou, 55% dos operários eram filhos de proletários, o que mostra a rapidez com que o capital garantia a reprodução da força de trabalho operária.

O desenvolvimento do capitalismo e da urbanização criou uma camada de operários que não participavam da vida municipal, espécie de "estrangeiros" na cidade industrial, submetidos à tutela dos empresários e a um controle policial, eufemisticamente chamado de *Inspeção do Trabalho*, generalizado a partir de 1899. Os delegados de fábrica, eleitos pelos operários com a aprovação dos patrões, não tinham representatividade para defender seus companheiros de trabalho. Só após a Revolução de 1905 os operários tiveram o direito de organizar sindicatos; mesmo assim, muitos eram suspensos de suas atividades por razões alegadas de "ordem pública" do governo.

Isso não impede que, em 1880 e 1885, milhares de operários se vejam envolvidos em movimentos grevistas, que estalam localmente e ainda não possuem coordenação em âmbito nacional. A jornada média de trabalho fabril era então de 12 horas e os salários baixos – desvalorizados por multas e retenção parcial em função de improdutividade, absenteísmo, deterioração das máquinas e a faltas ao trabalho às segundas-feiras em decorrência da vodca ingerida no fim de semana, que constituía um meio artificial de reanimação para o trabalho.

O trabalhador russo, entre 1882 e 1905, contava com a "proteção" de uma legislação trabalhista que era diariamente violada pelo patronato, tanto no referente à jornada de trabalho e seus limites, no emprego de mulheres e crianças, quanto à assistência médica em casos de acidente no trabalho.

Nas grandes empresas contava o operário com a atitude paternalista da administração, que o protegia das violações comuns nas pequenas e médias empresas. Um proletariado mal pago, alojado em casas de propriedade do patrão, se constituía praticamente num pária urbano.

E os intelectuais, a célebre *intelligentzia*, que papel cumpria nessa estrutura social complexa?

É necessário dizer que a *intelligentzia* cumpre o papel de portadora de uma cultura laica, secular, não religiosa, que já em 1825 desencadeará a revolta Dezembrista que tratamos anteriormente. Sob Nicolau I (1825-55), a Universidade de Moscou torna-se um centro de debates político-sociais, especialmente em torno de Stankevitch e Herzen, liberais e socialistas da época. Participam dessas discussões nobres e plebeus, uma espécie de *proletariado intelectual*, matriz da *intelligentzia*.

Essa *intelligentzia* caracteriza-se por sua cultura, relativa pobreza e um sentimento de alienação diante da realidade russa; reagem contra a autocracia e a ortodoxia, tornam-se *suspeitos* e, após 1860, muitos integrarão os movimentos revolucionários posteriores.

Dividiam-se inicialmente entre *eslavófilos* e *ocidentalistas*. Os primeiros defendiam a comunidade rural (*mir*) como o símbolo da especificidade da Rússia; ocidentalistas como Belinski e Herzen defendiam a ideia de que a Rússia devia apropriar-se do que o Ocidente tinha de melhor. Isso leva em 1845 à constituição do *círculo Petratchevski* por discípulos de Fourier que discutiam o socialismo chamado utópico. Porém, foi com a reforma judiciária de 1864 – que suprimia os tribunais antigos, diferentes para cada classe social, assegurando a inamovibilidade do juiz e separando a justiça da administração – que aumentou o número de funcionários e profissionais liberais. A aceleração do desenvolvimento econômico irá propiciar o crescimento dos setores médios e da *intelligentzia*. Ela fornecerá os burocratas novos, mas também os novos revolucionários.

O processo de concentração de capital com a industrialização levou à concentração de riquezas na área da Igreja ortodoxa russa. Surgiram alguns mosteiros e igrejas privilegiadas, enquanto a maioria das igrejas ou seminários mal sobrevive. A ordem eclesiástica reflete as mesmas diferenças econômico--sociais que se apresentam na sociedade russa como um todo. A pobreza, especialmente dos clérigos (popes) rurais, com seus filhos numerosos, contribuirá também para formar uma *intelligentzia* desclassificada socialmente, que fornecerá numerosos quadros à revolução. É erro pensar que a *intelligentzia* era sinônimo de radicalismo político ou social; para isso, basta lembrar Dostoievski, desde 1846 um escritor profundamente atraído pelos miseráveis que vegetam na sociedade russa, mas adepto de um pan-eslavismo e nacionalismo religioso como *reação* ao setor radical da *intelligentzia*, vindo a se tornar um ideólogo do *quietismo* político.

Porém, o grande debate que dividirá os intelectuais será aquele entre o *populismo* e o *marxismo*. Enquanto o populismo pregava a transição da Rússia diretamente ao socialismo, sem a necessidade de passar pelo capitalismo, o marxismo, introduzido na Rússia por Plekhanov, pregava a inevitabilidade da passagem pelo capitalismo para atingir a fase socialista. Já em 1870, os populistas constituíram sociedades secretas que praticavam o terrorismo individual, assegurando primazia ao campesinato na mudança social. Plekhanov, fundador em 1883 do grupo Emancipação do Trabalho, contrapunha a eles as teses clássicas do marxismo, em que o proletariado representaria a figura central da mudança social.

Populistas e marxistas e o problema agrário

As diferentes formações socioeconômicas devem se desenvolver seguindo as mesmas etapas? Há uma forma de evolução econômico-social à qual qualquer sociedade deve necessariamente se adaptar, não podendo ela saltar etapas? É o proletariado a classe destinada a ser a dirigente de uma revolução socialista, ou ela pode ser conduzida por outras classes sociais, como o campesinato, por exemplo?

De fins do século XIX até a Revolução Russa, essa temática será o centro de uma polêmica entre populistas e marxistas, ou seja, os membros do Partido Socialista Revolucionário e os do Partido Bolchevique.

Era possível a *obchtchina* (comunidade camponesa) transformar-se numa unidade do futuro socialismo camponês *sem* que o país inteiro tivesse de passar pela fase capitalista?

O populismo como movimento era um mosaico de tendências. A primeira tendência, *Zemlia i Volia* (Terra e Liberdade), criada após a abolição da servidão, por volta de agosto de 1862, funda suas esperanças políticas numa revolta imediata do campesinato e desaparece sem repercussão maior. Sob influência do teórico populista Lavrov, levas de estudantes "vão ao campo", sem entretanto estabelecer laços mais profundos com o campesinato. Em 1876, ressurge o movimento Terra e Liberdade, declarando, sem ambiguidades, em seu Programa, que as revoluções são obra das massas e os revolucionários são instrumentos da História ou os cronistas dessas lutas.

O movimento cinde-se e daí surge o *Narodnaia Volia* (Vontade do Povo), que opta pelo terrorismo individual e é responsável pela morte do czar Alexandre II. A repressão dizima o grupo.

O primeiro intelectual russo a definir a *obchtchina* (comunidade rural) como unidade de produção socialista, e o camponês russo como socialista nato, capaz de criar com suas próprias forças o socialismo na Rússia, foi *Alexandre Herzen*, o primeiro a lançar a palavra de ordem "Terra e Liberdade". Com seu jornal *Kolokol* (Sino), editado em Londres, influenciou a intelectualidade russa na luta para que os camponeses possuíssem a terra em comum. Quando numa *obchtchina* houver mão de obra em demasia, em desacordo com as necessidades do grupo, ela deve ter acesso a uma parte das terras disponíveis e utilizáveis.

O frágil desenvolvimento do capitalismo russo e a extensão da luta de classes no campo colocam a revolução socialista na ordem do dia; seu elemento básico será o camponês, que abrirá caminho para que a Rússia tivesse um desenvolvimento *específico*, diferente da Europa industrial.

Herzen não prevê a possibilidade de expropriação dos grandes latifundiários e chega a escrever uma carta ao imperador Alexandre II, em que expressa certa confiabilidade na sua ação em favor da emancipação do campesinato. No fim de sua vida, vincula-se diretamente à I Internacional, não diminuindo o peso revolucionário que o proletariado possa ter numa revolução socialista, e antecipa Trotski, quando define que o mujique (camponês) será no futuro o homem da Rússia, assim como o operário na França; finalmente, propõe a união destes na revolução que está em processo.

O intelectual N. Tchernitchevski assume posições mais definidas. Para ele, a propriedade privada da terra está no seu ocaso; propõe uma forma de propriedade que ultrapassa tanto a *obchtchina* tradicional quanto a forma de propriedade da sociedade capitalista – uma forma de propriedade do Estado, na qual os membros da *obchtchina* tenham a posse, no intuito de que a terra não seja propriedade privada de uma minoria, mas passe a ser propriedade do país, e cada comunidade possua seu lote de terra. Também defende um tipo de desenvolvimento industrial radicalmente diferente do europeu, com a formação de *associações* provinciais que reúnam as grandes unidades agrícolas e as pequenas unidades industriais.

Ao contrário da história oficial difundida pelos bolcheviques, os populistas jamais negaram que o capitalismo estivesse em embrião na Rússia. Tchernitchevski escrevera muito a respeito dos perigos que corria a *obchtchina* com a introdução do capitalismo, e o populista Danielson se preocupara em estudar as formas de acumulação capitalista na Rússia, salientando seu caráter *específico*.

Apesar de Lenin tentar mostrar o contrário na obra *Desenvolvimento capitalista na Rússia*, os populistas *jamais* idealizaram a comuna rural, pois conheciam suas limitações e os obstáculos à sua implantação e difusão. A valorização da comuna rural pelos populistas não se deve a nenhum "misticismo camponês". Os escritos de Danielson a respeito da comuna rural russa são idênticos aos de Marx. É importante ter em conta que a primeira tradução do Livro I de *O capital*, de Marx, foi obra dos populistas Lopatin e Danielson. Longe de negar a obra de Marx, Danielson funda nela a sua análise do capitalismo na Rússia.

Sustentava ele que a comuna naquela época era incompatível com a tendência ao desenvolvimento capitalista em âmbito mundial, mas achava possível apoiar-se na comuna, evitando o capitalismo; a posse coletiva da terra, para ele, era uma das condições materiais de produção que poderia servir de base a uma nova estrutura social. Criticava assim aqueles que esperavam a expropriação das terras comunais dos camponeses para substituí-las pelo sistema agrário capitalista em vigor no Ocidente.

Afirmando a viabilidade de uma economia capitalista, acentuando a especificidade da formação social da Rússia e reconhecendo as aspirações revolucionárias das classes exploradas, as teses do populismo sintetizam a realidade russa da época.

Plekhanov e Lenin – em nome de Marx e da "necessidade" do desenvolvimento das forças produtivas – rejeitam essas teses e centram sua crítica no conceito de economia da fase capitalista, criticando-o como utopia anarquista. Afirmam, em troca, um esquema rígido de desenvolvimento aplicado a qualquer formação econômico-social, que passa obrigatoriamente por cinco fases: comuna primitiva, escravismo, feudalismo, capitalismo e socialismo.

Essas fases encontramos em Engels, na sua *Origem da família, da propriedade privada e do Estado*, e em Marx, no seu prefácio à *Contribuição à crítica da Economia Política*, de 1859, em que estabelece em linhas gerais as noções de modo de produção asiático, antigo, feudal e burguês. Marx reduz "às suas grandes linhas" os modos de produção *sem* estabelecer sucessão obrigatória – o modo de produção asiático não antecede o modo de produção antigo.

Marx, especialmente nos últimos quinze anos de sua vida, rompe resolutamente com qualquer teoria evolucionista dos modos de produção, criticando o "economismo" de muitos de seus adeptos e o populista Mikhailovski, que lhe atribui a teoria segundo a qual a passagem pelo modo de produção capitalista seria inevitável em todos os países.

Quando, no capítulo de *O capital* a respeito da acumulação primitiva, Marx admite que ela se dá tendo como base a expropriação dos camponeses, apresentando a Inglaterra como modelo radical desse processo, ele não se esquece de lembrar que mesmo no quadro da Europa ocidental isso ocorre de maneira mais ou menos definida, seguindo ordem de sucessão diferente do modelo.

Numa carta a Vera Zassulitch a esse respeito, Marx explica que o fenômeno acima enunciado se dá porque a sociedade passa de *uma* forma de propriedade privada *a outra*, também privada. Porém isso não se aplica a formações econômico-sociais pré--capitalistas, particularmente na Rússia, onde o problema a enfrentar no campo é a *transformação* de propriedade comum em propriedade privada.

Marx cultivava relações pessoais com os populistas, em particular Lavrov e Danielson, o tradutor russo de *O capital*. Verifica na Rússia a resistência de certos modos de produção pré-capitalistas ao capitalismo e reestuda formações sociais que não conheceram o feudalismo da Europa ocidental.

Assim, em fevereiro de 1870, numa carta a Kugelman, Marx aponta a comuna rural russa como, longe de ser a causa da miséria do campesinato, a única estrutura capaz de diminuí-la. Em 1877, na sua correspondência com o populista Mikhailovski, enuncia que a persistência da *obchtchina* era a maior chance que a história oferecera a um povo.

Respondendo a Vera Zassulitch, Marx define claramente que a comunidade do solo oferece a base natural da propriedade coletiva; sua contemporaneidade ao sistema capitalista permite-lhe utilizar numa ampla escala as condições materiais do trabalho cooperativo organizado. A comuna pode aproveitar--se dos aspectos positivos do capitalismo sem sofrer os seus aspectos negativos.

Marx acentua que a luta de classes em escala mundial engendrada pelo capitalismo pode levá-lo à crise responsável por sua eliminação e pelo retorno das sociedades modernas a uma forma superior de um tipo "arcaico" de propriedade e produção coletiva; é aí que a *obchtchina* tem a viabilidade de realizar-se.

Enquanto Engels faz o elogio da civilização burguesa e sua consequência, o colonialismo, satisfeito de que a bela Califórnia tivesse sido arrancada das mãos de mexicanos preguiçosos, Marx critica o colonialismo inglês que nas Índias Orientais suprimira a propriedade coletiva do solo, levando os indígenas à regressão social.

Se o capitalismo obrigatoriamente não indica progresso e se a expropriação dos produtores diretos não é uma fatalidade histórica, Marx conclui que a problemática da revolução socialista se coloca de maneira diversa em cada país.

Numa Rússia em que, ao lado do capitalismo e da propriedade burguesa em via de desenvolvimento, mais da metade da terra era propriedade comum dos camponeses, Marx afirmava que, se a revolução russa se articulasse com a revolução no Ocidente, a propriedade comunal russa poderia ser o ponto de partida para uma evolução comunista.

Marx faz a crítica do "progresso capitalista" como categoria, restringe o modelo ocidental às suas limitações históricas e coloca em questão a "fatalidade" da expropriação dos produtores diretos. Finalmente, enuncia nos seus escritos entre 1875 e 1880 a possibilidade de um tipo de desenvolvimento das forças produtivas não capitalistas, superior ao capitalismo, por obra dos produtores diretos *não* expropriados, os camponeses.

Se as precondições criadas pelo capitalismo não constituem um *destino* (sem as quais não há possibilidade de revolução socialista), as classes exploradas de formações tradicionais, ou seja, o campesinato, poderiam ter o mesmo papel que o proletariado nas sociedades burguesas.

Os marxistas ortodoxos, que conheceram Marx por intermédio de Lenin, sustentam que a *direção* do proletariado é condição da revolução socialista, isto é, um dogma indiscutível.

O fato de todas as revoluções do século XX serem fruto da ação do campesinato, que constituía, nos países onde elas se deram, a grande maioria da população, não leva os ortodoxos a refletirem no caso.

Na China, o Exército Vermelho não contava com proletários, e após a sublevação de Cantão (1927), reprimida pelo partido nacionalista, o Kuomintang, é ao campesinato que Mao apelará para a Grande Marcha que em 1947 cerca as cidades e lhe permite a ascensão ao poder.

É o que reconhece o bolchevique Bela Kun durante o Primeiro Congresso dos Povos do Oriente, realizado em 1920 em Baku, na URSS, quando lembra que no Oriente o elemento explorado vive no campo; assim, é o camponês sem terra que deverá dirigir os sovietes (conselhos) que forem criados.

Os bolcheviques, pela voz de Lenin, desde 1894 consideram o operário o *único* combatente pelo regime socialista.

Durante a Revolução de 1917, tanto mencheviques como bolcheviques concordam que sem a grande indústria capitalista é impossível construir o socialismo e que a classe operária é a única força com que pode contar a revolução.

A Revolução de 1905 e os partidos políticos

É impossível entendermos a Revolução de 1917 sem passarmos em revista o que foi chamado seu *ensaio geral*: a Revolução de 1905 e a formação dos novos partidos políticos.

A Revolução Russa

Em fins de 1904 havia onze *Seções Operárias* distribuídas em diversos bairros de Moscou, contando com milhares de sócios. Tais seções eram obra do padre Gapon. Só penetravam nelas quem não fosse militante de partido político. Contava Gapon com a inteira confiança dos frequentadores das seções, trabalhadores fabris que a ele expunham seus problemas e discutiam os meios para melhorar a situação em que viviam. A política czarista na época era de incrementar o ingresso de trabalhadores nas seções dirigidas por Gapon e desestimulá-los a levantar reivindicações além das econômicas imediatas.

Em dezembro de 1904, os trabalhadores da usina Putilov, de São Petersburgo, decidiram elaborar um boletim de reivindicações na linha pregada por Gapon. Tais reivindicações foram rejeitadas pela direção da empresa e seus assinantes demitidos. Em consequência, trabalhadores de outras seções vinculadas ao padre Gapon solidarizaram-se com os demitidos, surgindo a ideia de elaborar uma petição ao czar em nome dos trabalhadores urbanos e rurais da Rússia, que seria entregue no Palácio de Inverno acompanhada de uma manifestação pública. Em janeiro de 1905, o documento estava redigido por Gapon, a pedido dos trabalhadores das várias seções.

Incluiu-se no manifesto a sugestão dos membros do Partido Socialista Revolucionário, que pediam um documento mais radical, atenuando expressões de fidelidade ao czar. Exigiam-se completa liberdade de imprensa falada e escrita, liberdade de associação sindical, direito de greve, expropriação dos grandes latifúndios em benefício das comunidades camponesas, convocação de uma Assembleia Constituinte, instrução gratuita e obrigatória, 8 horas de jornada de trabalho.

A 9 de janeiro de 1905, milhares de operários e suas famílias dirigiram-se ao Palácio de Inverno. Os manifestantes foram metralhados à queima-roupa por milhares de soldados. Durante a noite, trens repletos de cadáveres conduziam-nos aos bosques, para enterrá-los em valas comuns abertas às pressas.

O padre Gapon dirigiu uma petição pedindo perdão ao czar; este, em troca, conhecendo suas relações com o Partido Socialista Revolucionário, solicita-lhe que "informasse" à polícia secreta (*Okharana*) tudo que soubesse a respeito do partido no passado e suas relações atuais com os membros dele. Mas um membro do partido viu Gapon prestando informações à *Okhrana* e marcou entrevista com ele. Trabalhadores que confiavam no padre ouviram-no fixar o preço da delação e, interrompendo a entrevista, enforcaram Gapon no teto da casa.

A 10 de janeiro de 1905, realiza-se uma greve geral, e em São Petersburgo, entre janeiro e fevereiro de 1905, cria-se o primeiro soviete, de delegados operários. Esse soviete era resultado de um movimento unificado de auxílio mútuo entre os trabalhadores, criado para enfrentar o período de duração da greve geral. Como se manter unidos sem se sentirem obrigados a pertencer a qualquer dos partidos existentes? A solução foi a criação do soviete, que asseguraria uma ação social contínua e permanente. Reunia-se periodicamente, editando um jornal de informações sindicais. Criaram-se sovietes em todas as partes do país.

No entanto, o czarismo reage, suprimindo o soviete de São Petersburgo e todos os outros. Mas a derrota da Rússia na guerra com o Japão, iniciada em 1904, reativa o movimento popular interno.

Os liberais, tímidos até então, passam a redigir seus jornais diários, fundam uniões profissionais e organizam o Partido Constitucional Democrata (Cadete).

No campo, criou-se a *União Camponesa*, de tendência socialista. Houve revoltas no exército e na marinha – nesta, celebrizou-se a rebelião do encouraçado Potemkin.

Em outubro, a Rússia era palco de uma greve geral nacional, organizada por sovietes, uniões operárias e comitês de fábrica.

Em resposta, o governo prometeu a convocação de uma Duma (Parlamento); com isso, pretendia inspirar confiança nos investidores internacionais, fazendo-os crer que dominava a

A Revolução Russa

situação, e, no plano interno, arrefecer o ânimo revolucionário das massas. Os partidos de esquerda não se enganaram a respeito de tais concessões, mas o povo, acreditando nos novos direitos, teve uma reunião pública dispersada pela polícia. Em fins de 1905, o capitalismo francês socorre e salva o regime czarista. A censura ressurge, ocorrendo prisões em massa de opositores e supressão dos sovietes. A reação se deu em dezembro de 1905, com uma insurreição armada dos operários de Moscou, esmagada pelo exército.

O governo manteve a Duma, mas com caráter consultivo e subordinada a ele. Ao lado da prisão de militantes dos partidos esquerdistas, o governo permitia, dentro de certos limites, a propaganda eleitoral dos diversos partidos políticos.

Criou-se a *União do Povo Russo*, partido monárquico, anti-semita, que pregava até mesmo a dissolução da Duma.

Havia os *Outubristas* – nome derivado do manifesto do czar introduzindo um prefácio à Constituição, publicada a 17 de outubro de 1905 – que logo depois mudaria o nome para *Partido Liberal Republicano*. Representava a alta burguesia e não tinha importância numérica.

Partido Radical Democrata – formado por antigos líderes progressistas da Duma, editava o diário *A Pátria*.

Partido Constitucional Democrata (K. D. = Cadete, também conhecido como *Partido da Liberdade do Povo*) – fundado a 21 de outubro de 1905, defendia a ideia de uma Rússia democrática e parlamentarista. Pregava a responsabilidade do ministério perante o Parlamento.

Partido Popular Socialista (também denominado socialista populista) – separando-se do Partido Socialista Revolucionário quando da dissolução da primeira Duma (1906), condenava o terrorismo. Seu programa estava muito próximo do dos socialistas revolucionários. Defendia a solidariedade de classe, valorizando a personalidade humana como um dos fins supremos do partido. Opunha-se à ditadura de classe, apelando "às forças e à vontade do conjunto do povo" para realizar o bem-estar social. Composto na sua maioria por intelectuais – o célebre romancista Korolenko era um de seus membros influentes –, não tinha influência sobre as massas. Publicava dois jornais: *A Voz do Povo e O Socialista Popular*.

Partido Socialista Revolucionário – fundado em 1899, agrupou vários ex-militantes do antigo partido *Terra e Liberdade* e do grupo *A Vontade do Povo*. Até 1914, estava representado na II Internacional. Pregava a expropriação dos capitalistas e uma organização socialista da economia e da sociedade, defendendo a unificação das diversas nacionalidades que compunham o Império russo numa federação democraticamente organizada e o reconhecimento a cada uma delas do direito à autodeterminação.

Além de pregar a luta de classes, manifesta a necessidade de a verdade e a justiça reinarem nas relações sociais. Adepto do terrorismo individual contra os mentores do Estado czarista (os atentados e a morte de Alexandre II, do ministro Plehve e de Stolipin foram obra de militantes seus), combate o Partido Social-Democrata por criticar o terrorismo individual e ser partidário da violência coletiva (a revolução).

Socialistas revolucionários de direita – liderado por Savinkov e Argunov, seu órgão principal era o diário *A Vontade do Povo*. Um dos articulistas deste jornal é Pitirim Sorokin, que após 1917 refugia-se nos EUA, onde faz carreira universitária e escreve *Teorias sociológicas contemporâneas* e *Os dilemas da sociologia*. A sra. Brechko-Brechovskaia, considerada por todos "a avó da Revolução" fazia parte deste grupo. Juntaram-se a ele os trabalhistas *trudoviques* da tendência Kerenski. Defendiam a participação russa na Primeira Guerra Mundial até o seu fim, o esmagamento do militarismo prussiano e uma paz democrática. Pregando a união com os partidos burgueses de esquerda, tinha a Assembleia Constituinte como objetivo principal.

Socialistas revolucionários de centro – liderado por Tchernov, seu diário era *A Causa do Povo*. Era o grupo numericamente mais importante de todos. Em matéria de política exterior, estavam divididos. No processo da Primeira Guerra Mundial, o líder Tchernov pregava a conclusão imediata e rápida de um tratado de paz, não importando por que meios, e a minoria liderada por Gotz pregava a *defesa nacional* da Rússia ante a Alemanha. Mas estavam de acordo num ponto: convocação imediata da Constituinte, com um governo eleito por ela. As eleições realizadas em fins de 1917 deram a esse grupo maioria absoluta. Rejeitava a colaboração com os partidos burgueses e o bolchevismo.

Socialistas revolucionários de esquerda – liderado por Steinberg, Maria Spiridonova, Natanson. Muito próximo do bolchevismo, colaborou com ele durante a tomada do poder em 1917 e posteriormente. Responsável pelo Comissariado da Agricultura sob Lenin, essa colaboração, durante os seis meses que durou, teve como resultado: publicação dos tratados secretos, anulação da dívida do Estado, publicação do decreto de socialização das terras e nacionalização dos bancos, separação entre Igreja e Estado, controle operário da produção e recusa em participar da guerra imperialista (1914-18). Separaram-se dos bolcheviques por divergências quanto ao Tratado de Brest-Litovsk, entre Rússia e Alemanha. O partido cindiu-se oficialmente durante o IV Congresso, em outubro de 1917.

Partido Social-Democrata – fundado em 1898, teve seu programa definido em 1905, no II Congresso do partido. Entre seus fundadores e membros mais antigos figuram Plekhanov, Vera Zassulitch e Axelrod. Era um partido marxista com representação a II Internacional. Possuía um grupo chamado Unidade, dirigido por Plekhanov, que pregava a necessidade da *defesa nacional*, contrariando o princípio do internacionalismo clássico dos marxistas. Defendia a continuação da guerra, o acordo com os aliados e a derrota da Alemanha. Preconizava aliança com partidos burgueses e convocação de uma Assembleia Constituinte. Violentamente criticado pelos bolcheviques, não teve nenhum representante eleito à Constituinte em 1917.

O Partido Social-Democrata dividia-se em duas correntes: a *bolchevique* e a *menchevique*.

Num dos congressos do partido, as ideias de Lenin a respeito da estrutura partidária obtiveram vitória por dois votos. Essa maioria que votara com Lenin era denominada *bolchevique*.

Bolcheviques – suas figuras fundamentais eram Lenin, Trotski, Zinoviev, Lunatcharski, Kamenev, Radek. Editavam dois diários: *Pravda* (Verdade) e *Izvestia* (Novidades). Paz imediata e revolução socialista mundial eram seus objetivos principais. No plano interno, implantação da ditadura do proletariado, dominação dos sovietes e sindicatos e dissolução da Constituinte. Havia um pequeno grupo em torno de A. Kollontai e Bukharin, que criticava severamente os comissários do povo, vistos como oportunistas.

Mencheviques – dividiam-se em três grupos. Os de direita agrupavam-se em torno de Potressov e do jornal *Den* (O Dia); o grupo em torno de Tchkhlidze e Tsereteli, internacionalista no início da Revolução, aproximou-se depois do primeiro; o grupo dos mencheviques internacionalistas, liderados por Martov, Martinov e Axelrod, editava o diário *Rabotchaia Gazeta* (Jornal dos Operários), discordava da visão leninista de partido político e de ditadura do proletariado, e era pela Assembleia Constituinte, contra acordos com a burguesia e contra a transferência do poder aos sovietes.

Os anarquistas – assim chamados porque defendiam um regime socialista fundado na autogestão social dos meios de produção e de todas as instituições civis, lutavam pela organização federativa, tanto no plano interno, via conselhos de fábrica, como para integrar as diversas nacionalidades do Império russo. Criticavam como jacobina a ideia da ditadura revolucionária, argumentando que a ditadura iria absorver a revolução, já que para se realizar necessitaria de um quadro burocrático civil e militar. Afirmavam que a socialização urbana e rural deveria proceder-se imediatamente, cabendo aos trabalhadores auto-organizarem-se e não entregarem as decisões vitais a um partido ou um Estado, mesmo que levasse o nome de "operário".

3
O processo da Revolução Russa

Makhno na Ucrânia

A desintegração do exército czarista na Primeira Guerra Mundial deveu-se à insistência do primeiro-ministro Kerenski, escolhido pelo sucessor de Nicolau II, o príncipe Lvov, em continuar uma guerra contra a Alemanha na qual o soldado russo não via sentido algum. A miséria no campo e a fome levavam esse soldado, filho de camponês ou camponês, a lutar pela paz e pela terra. Soldados se amotinando contra oficiais, marinheiros contra seus comandantes, operários contra patrões – esse era o quadro que a Rússia apresentava no período iniciado com a abdicação dos Romanov e terminando com a tomada do poder pelo partido de Lenin.

Chamou-se de *kerenschina* as dez semanas durante as quais o general Kornilov tenta consumar um golpe de Estado contra Kerenski, fracassado graças à união das esquerdas e dos liberais.

Por outro lado, a intransigência do patronato e a desmoralização do Governo Provisório haviam reforçado aqueles que não confiavam na Revolução de Fevereiro, que levara os liberais ao poder. Contra estes, pregavam "Todo poder aos sovietes" como solução para os problemas externos (paz e guerra) e internos (problema agrário, controle operário da produção), procurando dar um conteúdo socialista à revolução.

O Palácio de Inverno caiu na noite de 25 de outubro de 1917, nas mãos do Partido Bolchevique sob direção de Lenin.

Agora era preciso enfrentar, no plano interno, o problema da organização do trabalho nas fábricas e nos campos, além da sabotagem dos antigos técnicos que serviam ao antigo regime, e, no plano externo, a invasão da Rússia por tropas alemãs e tchecas e os movimentos de contrarrevolução, dirigidos por generais, que visavam restabelecer o czarismo. Denikin, Wrangel, Petliura eram sinônimos de restauração monárquica e capitalista. E as relações dos sovietes com o Partido Bolchevique e deste com o Estado? Enquanto no coração da Rússia, em Moscou e São Petersburgo, esses problemas são urgentes e imediatos, desenvolve-se na Ucrânia uma revolução socialista cujos princípios fundam-se na auto-organização dos camponeses, na autogestão econômica e social e na formação de milícias para enfrentar os generais czaristas que pretendiam na Ucrânia destruir a revolução socialista e restabelecer o antigo regime.

Em 1917, os bolcheviques tomaram o poder, mas no sul da Rússia só triunfaram a 26 de novembro de 1920. É que na Ucrânia ocorrera uma revolução social conhecida como *makhnovstchina*, liderada por um camponês, Nestor Makhno.

Em março de 1917, em Guliai-Pole, Makhno reuniu os socialistas libertários (anarquistas) que lá deixara quando fora condenado à prisão perpétua pelo czarismo. Fundou a União dos Camponeses de Guliai-Pole, para organizá-los contra o governo Kerenski. Firmou o princípio de que nos meios camponeses não seria admitido nenhum político, pois, segundo ele, todos sempre procuraram impedir que os trabalhadores fizessem a *sua* revolução.

No Congresso de Alexandrovska, perto de Guliai-Pole, Makhno enuncia que os camponeses não confiariam a obra revolucionária aos Comitês Comunais de Coalizão, manobrados por Kerenski. Foi o primeiro passo para desqualificar as autoridades constituídas e substituir o aparelho estatal pela organização livre dos camponeses. Nesse congresso, venceu a resolução de que a terra passasse às mãos dos camponeses *sem indenização*.

Em junho de 1917, deu-se a aliança entre os camponeses de Guliai-Pole e os operários de Alexandrovska, através da formação de uma União Profissional.

Os camponeses de Guliai-Pole assumiram o Departamento Agrário e o Departamento de Víveres, substituindo as funções do Comitê Comunal oficial.

As terras dos grandes proprietários e dos pequenos (*kulaks*) foram recenseadas. Contra essas duas classes, organizaram-se no soviete dos operários e camponeses, na forma de um comitê, os *batraki* (empregados das fazendas), que podiam agora organizadamente lutar contra os fazendeiros por suas reivindicações. A partir de junho de 1917, sob inspiração desse movimento, os camponeses *deixaram de pagar arrendamento de terras* aos proprietários.

A burguesia de Guliai-Pole fora desarmada. Makhno propôs aos camponeses a repartição das terras das igrejas, mosteiros e dos grandes latifúndios, para cuidarem da semeadura.

O presidente eleito do soviete de operários e camponeses de Guliai-Pole, Leon Schneider, do Comitê Executivo Departamental de Ekaterinoslav, estabelece um plano de trabalho junto com a Federação Anarquista desta cidade industrial. Resulta um acordo com os metalúrgicos locais, no sentido de que enviassem matéria-prima às forjas de Guliai-Pole.

Em dezembro reúne-se o Congresso Departamental dos sovietes de deputados camponeses em Ekaterinoslav, para o qual a região de Guliai-Pole designou Makhno e Mironov. Na cidade o poder estava dividido entre 4 ou 5 forças, entre as quais a de Kerenski e a da *Rada* ucraniana (monarquistas restauradores). Contra as críticas do anarcossindicalista Grinbaum, que aderira ao bolchevismo, e dos chauvinistas reacionários presentes, levantaram-se a Federação Anarquista de Ekaterinoslav, os marinheiros de Kronstadt lá presentes e os delegados anarquistas de Guliai-Pole. Sob a ameaça de serem atacados, a mando dos bolcheviques, pelo Regimento de Cavaleiros de São Jorge, Makhno, revelando seus objetivos aos soldados e oficiais, conseguiu que eles auxiliassem na luta contra a Rada ucraniana.

O bolchevique Einstém proclama a necessidade de um Estado proletário para a realização do projeto socialista; ouvindo isso, os camponeses passaram a exercitar-se na utilização de armas, convencidos de que os autoritários bolcheviques viriam tentar impor-lhes sua "autoridade" de armas na mão.

As forças da Rada ucraniana ameaçavam invadir toda a região e já lutavam contra os bolcheviques nas cidades. Cossacos vindos da frente alemã dispuseram-se a unir-se ao general Kaledin, chefe da contrarrevolução. A 3 de janeiro de 1918, o comandante da Guarda Vermelha bolchevique, Bogdanov, dirige um apelo aos operários e camponeses de Guliai-Pole, pedindo-lhes auxílio. Em resposta, centenas de anarquistas marcham para Alexandrovska, para reforçar a resistência à contrarrevolução, comandados por Sava Makhno, irmão de Nestor Makhno.

Os bolcheviques, em Alexandrovska, querem impor leis aos operários; a Federação Anarquista desaprova a medida e envia dois delegados à região, Maria Nikoporova e Iacha Nikoporova. Maria é eleita presidente do Comitê Revolucionário, que pede um representante de Guliai-Pole; é enviado Makhno.

Fora constituída uma Comissão do Tribunal Revolucionário dos Guardas Vermelhos de Bogdanov. O comitê enviou dois representantes, Makhno e o bolchevista Mirgorodski. Receberam processos de presos para serem julgados.

Makhno exigiu a presença dos presos – muitos eram generais, coronéis chefes de milícia e soldados da Rada. Eram contrarrevolucionários, porém inocentes dos crimes que lhes imputavam, pois não haviam tomado armas sequer contra os bolcheviques. Makhno pediu exame de cada caso e teve que lutar contra a disposição dos bolcheviques em fuzilar todos indiscriminadamente, mas salvando alguns de quem esperavam serviços futuros. Makhno recriminou esses bolcheviques que se proclamavam defensores da igualdade e da liberdade, mas as trocavam pelo privilégio do poder.

Enquanto isso os cossacos marchavam em direção de Alexandrovska com a intenção de atravessar o rio Don e unir-se às forças do general Kaledin. Eles atacam, mas são repelidos e resolvem depor as armas. Muitos, porém, foram servir nas fileiras do Exército Vermelho, na região comandada por Antonov-Ovssenko.

O Comitê Revolucionário resolve dar provas de que é revolucionário: intervém na vida local dos trabalhadores, expedindo ordens severas, verbalmente e por escrito. Lançou sobre a cidade o imposto de 18 milhões de rublos. Prendeu membros do Partido Socialista Revolucionário. Falou-se em criar um comissariado da prisão. Previra Makhno que mais cedo ou mais tarde haveria o rompimento entre os bolcheviques e os socialistas revolucionários de esquerda, com hegemonia dos primeiros. O manobrismo político bolchevique na época era a perfeita ilustração do que Makhno chamara "a cozinha dos comitês centrais".

Chegando a Guliai-Pole, Makhno é eleito para a presidência do Comitê Revolucionário. Este exige o desarmamento do Regimento 48 de Berdiansk, composto de partidários de Kaledin. Com o auxílio da Federação Anarquista de Alexandrovska, o regimento é desarmado. As armas não são entregues ao general bolchevique Bogdanov, mas remetidas a Guliai-Pole, base inicial do exército dos camponeses livres.

Com aprovação unânime do soviete local, Makhno obtém letras dos diretores do Banco da Rada existente em Guliai-Pole, sacando 250 mil rublos, para armar melhor a população. Iniciam-se trocas diretas de produtos. As cidades enviariam tecidos e os camponeses de Guliai-Pole enviariam em troca trigo e outros gêneros alimentícios. Em quinze dias firmaram--se contatos com as indústrias têxteis de Prokhorov e Morozov. Estabelecem-se relações com Moscou. Vários vagões de trigo foram enviados por Guliai-Pole a Moscou; o trem volta com tecidos, porém os funcionários o detêm, enviando-o ao centro de aprovisionamento de Alexandrovska, pois, segundo eles, não havia licença das autoridades soviéticas para tais trocas.

Makhno envia protesto severo à seção de Alexandrovska e convoca uma assembleia de trabalhadores em Guliai-Pole, que exige marcha imediata contra as "inúteis autoridades" de Alexandrovska, reconhecendo o direito de Guliai-Pole aos tecidos apreendidos.

A assembleia mostra a inutilidade dos intermediários e as vantagens da troca direta e também a inutilidade dos burocratas governamentais.

Delegados camponeses vão às cidades para estabelecer trocas, mas são impedidos pelos bolcheviques, sob alegação de que estão sendo criadas organizações estatais para esse fim.

É que o Partido Bolchevique queria não só o monopólio da revolução, mas também do poder em seus vários níveis, para aniquilar uma revolução que seguia uma via autônoma.

Após a assinatura do Tratado de Brest-Litovsk, as autoridades bolcheviques retiram suas tropas da Ucrânia, deixando--a nas mãos das forças da Rada ucraniana, com seus aliados austríacos e alemães. Estes ocupam Kiev, capital da Ucrânia, em março de 1918, e grande parte do país à direita do Dnieper. Seiscentos mil homens a serviço da Rada, auxiliados por soldados austríacos e alemães, chegam ao rio Dnieper e tentam atravessá-lo. Batalhões bolcheviques e outros autônomos re-

A Revolução Russa

sistem ao ataque. Makhno lança um apelo a Guliai-Pole para organizar um exército; a cidade envia 1 500 homens. O comandante dos Guardas Vermelhos, Bilinkevitch, recebe apelo de Makhno para que forneça armas para resistir à contrarrevolução. Não acreditando no que ouvia a respeito das realizações dos camponeses de Guliai-Pole, para lá se dirigiu e obteve a confirmação do que ouvira.

Seis canhões, 3 mil fuzis, dois vagões de cartuchos e nove vagões de balas para canhões são fornecidos aos camponeses de Guliai-Pole, cuja obra estava sendo ameaçada pela Rada ucraniana, pelos bolcheviques e pelo general Denikin.

Os bolcheviques não lutaram contra Denikin; esperavam que ele vencesse os anarquistas ucranianos para intervirem depois, destruindo-o. Porém o derrotado fora o exército de Denikin, composto de muitos soldados e bem armado.

Querendo cooptar Makhno, os bolcheviques ofereceram-lhe grandes vantagens para ingressar no Exército Vermelho organizado por Trotski. Começaram a louvá-lo e adulá-lo pela imprensa. Ele sentiu o perigo. Os bolcheviques não tolerariam a *makhnovstchina*. Insistiam em impor na região seus delegados, chefes da *Tcheka* (polícia política) e todo tipo de funcionários. Repelidos pelos camponeses, os bolcheviques lançaram mão da *calúnia como arma política*: Makhno tornou-se repentinamente contrarrevolucionário, bandido, agente dos *kulaks* (pequenos proprietários de terra) e inimigo número um da revolução.

Ante isso, foi convocado o III Congresso Regional dos camponeses, soldados e operários a 10 de abril de 1919. O comandante de divisão do Exército Vermelho, Dibenko, declarou *fora da lei* a realização do Congresso e *contrarrevolucionários* seus participantes.

Após a derrota do general czarista Wrangel, os bolcheviques, rompendo acordo formal com as forças de Makhno que participaram dessa luta, metralham das alturas do istmo de Perekop o

Lenin em Moscou

Estabelecera-se o regime de Lênin – Trostski.

A aliança entre eles deu-se no processo da Revolução, quando Lenin abandona a tese da *ditadura democrática de operários e camponeses*, que seria exercida por um governo provisório para substituir a autocracia czarista. Lenin pregava uma aliança de partidos entre os social-democratas e os socialistas revolucionários, que representavam o interesse das "classes inferiores". Tratava-se de uma democracia camponesa, sustentada pelo proletariado urbano e dinamizada por um governo reformador.

Trotski, por sua vez, defendia a tese de que a revolução democrático-burguesa seria realizada com o proletariado no poder, devendo unir-se ao proletariado ocidental. A Revolução Russa, para Trotski, seria o prelúdio da revolução ocidental.

Segundo Trotski, a revolução democrática em país de capitalismo retardatário se transforma imediatamente em revolução socialista, tornando-se assim uma *revolução permanente*.

Essa noção surgira com Marx, no *Manifesto comunista* redigido em março de 1848.

Trotski aceita a teoria de organização de partido leninista e Lenin aceita a teoria da revolução permanente, firmando-se assim a aliança entre eles. As *Teses de abril* de Lenin encaminham-se nesse sentido.

Após a tomada do poder pelos bolcheviques, sobrevém um período de guerra civil. Os camponeses tomam as terras e os operários ocupam as fábricas, pois muitos empresários fugiram.

A Revolução de 1917 pôs fim à supremacia política da burguesia, eliminando sua base econômica, a propriedade privada dos meios de produção, e mudado o sistema de propriedade existente. Porém *não* teve suficiente força para alterar as relações de produção autoritárias que caracterizam uma sociedade dividida em classes. Que forças se opunham a uma transformação radical do mundo do trabalho? Mais do que todas, evidentemente, a burguesia. A perspectiva da gestão operária da produção não só colocava em jogo sua propriedade dos meios de produção como também a possibilidade de conservar *posições privilegiadas*, mascaradas sob a *competência técnica*, ou cargos que mantivessem poder decisório.

Isso explica por que setores da burguesia suspiraram aliviados quando verificaram que o governo soviético pretendia nacionalizar (estatizar) os meios de produção, deixando intata a *hierarquia dentro da fábrica*, a separação entre dirigentes e dirigidos. Milhares de indivíduos ligados à classe expropriada voltaram a desempenhar papel de mando como diretores de fábrica do "Estado operário". Incorporaram-se ao partido para legitimar sua volta a posições dominantes nas relações de produção.

A introdução das técnicas de trabalho tayloristas – com o incremento da produção em série, superdivisão de trabalho, separação entre planejadores e produtores diretos, centralização das decisões num comitê ou num diretor nomeado pelo partido – favoreceu esse processo.

Trotski defendia na época a *militarização do trabalho*: o Estado operário tinha o direito de enviar o trabalhador para onde fosse necessário e de prendê-lo se houvesse recusa em cumprir a tarefa que lhe fora destinada. A aplicação da obrigatoriedade e as medidas de militarização do trabalho, para Trotski, estavam vinculadas à aplicação de um plano econômico único, abrangendo toda a indústria e o país na sua totalidade.

Ao mesmo tempo, o Congresso do PC aprova a direção unipessoal na indústria. Assim, nos fins de 1920, em 2 051 empresas importantes, 1 783 estavam sob controle uninominal.

Surge a *Oposição Operária*, formada por trabalhadores que participaram das revoluções de 1905 e 1917, tendo sua expressão teórica na obra de Alexandra Kollontai, como reação ao período denominado *comunismo de guerra* (1919-20).

A grande crítica que faz ao governo é a da *substituição* da direção colegiada pela unipessoal. A Oposição Operária mostra que a direção unipessoal da fábrica constitui a encarnação da ideologia individualista característica da classe burguesa. A burguesia não crê na força da coletividade, daí priorizar a direção da empresa nas mãos de um homem isolado, "livre", da coletividade.

A Oposição Operária cresce. De Moscou e Petrogrado (atual São Petersburgo e ex-Leningrado),* suas teses são adotadas na região do Don, dos Urais e da Sibéria.

Enquanto isso o bolchevismo ligava à direção unipessoal da empresa, por um administrador nomeado pelo Estado, a utilização do *método de Taylor* de organização do trabalho e o pagamento por produtividade individual. Enfatizava o estudo e o emprego do que, na sua opinião, havia de científico no taylorismo.

Os bolcheviques não percebiam que, com a importação do taylorismo, importavam também seu conteúdo repressivo: o desconhecimento do sujeito ou sua negação. Contudo, seja dito de passagem que o que se conheceu no mundo como método taylorista surgira na própria Rússia, com a criação da Escola Imperial Técnica de Moscou, em 1878, tendo como diretor o engenheiro Della Voce. Ali se ensinava o que posteriormente se chamou *organização científica do trabalho* ou *taylorismo*, e seus resultados foram apresentados na Exposição de Filadélfia, daí se difundindo às escolas norte-americanas. A utilização do taylorismo pelos bolcheviques, na verdade, foi uma readaptação do método ensinado pela Escola Imperial de Moscou, tendo como fim o *arranco industrial*.

---

* Em 1991, Leningrado voltou a se chamar São Petersburgo, seu nome original (N. E.).

Os proletários perderam a gestão das fábricas; em troca, Lenin ofereceu-lhes o direito de greve! Como se tivessem feito a Revolução Russa para conquistar algo tão limitado!

É muito difícil que os termos *administração científica* (Taylor) e *proletariado* andem próximos, pois a ciência foi desenvolvida pela classe dominante e em seu benefício, compatível com sua dominação. Para definir o que é científico, a sociedade capitalista nomeia como tal os conhecimentos e capacidades suscetíveis de sistematização e incorporação na cultura acadêmica dominante, considerando não científicos conhecimentos que pertençam a uma cultura popular.

Quando os técnicos de organização do trabalho dividem-no, a ponto de extenuar o trabalhador, dir-se-á que tal divisão é científica. Quando os trabalhadores se auto-organizam para produzir, isso é considerado anticientífico.

Assim, recebem etiqueta de científicos trabalhos que podem ser integrados no sistema capitalista, especialmente se se enquadrarem na divisão hierárquica de trabalho que caracteriza o capitalismo. Isso explica a taylorização no mundo do trabalho, tanto no capitalismo ocidental como na URSS e no Leste europeu. Por outro lado, a hierarquia na produção e na sociedade só pode ser reproduzida se o conhecimento continuar sendo monopólio de "especialistas".

Isso leva a Oposição Operária a condenar a utilização e a proeminência dada por Lenin aos "especialistas" do antigo regime, que mantêm o espírito de subordinação, hierarquia, obediência passiva. Os bolcheviques procuram nos "especialistas" que serviram ao capitalismo nos ex-capitalistas, nos técnicos cuja iniciativa fora limitada pelo regime anterior, a solução para os problemas que implica a criação de uma sociedade socialista.

Tudo isso constitui uma tentativa infantil de instituir o comunismo por decreto; onde se deve falar em *criar*, os bolcheviques falam em *prescrever*.

O que a Oposição Operária criticava acerbamente era o fato de o partido não apelar aos trabalhadores urbanos e rurais, de não favorecer sua organização a partir do local de trabalho para resolver os problemas que se colocavam, mas recorrer aos "especialistas" burgueses. Abriu-se uma brecha entre o bolchevismo e o proletariado.

Diferentemente de Lenin, que permitia a criatividade no plano econômico somente via Partido Bolchevique, a Oposição Operária manifestava sua descrença ante o fato de que ele mesmo dispersava a *vanguarda* através dos vários setores da burocracia do Estado, cuja atmosfera geral fundava-se na *rotina*. E eram esses setores que ele via como fonte da *criatividade econômica!*

Burocracia ou iniciativa das massas constitui a opção que separa a Oposição Operária dos líderes do partido.

No VIII Congresso dos sovietes esse tema foi discutido, porém superficialmente. A transferência de militantes de um setor da burocracia estatal a outro, onde são tragados pela atmosfera burocrática, não conseguirá jamais levar a uma mínima democratização nem a uma marcha rumo ao sovietismo.

Os que estão na cúpula dos órgãos soviéticos acomodam-se e defendem ideologicamente a burocracia como um destino. Evidencia-se isso quando Trotski afirma que sofremos mais por assimilarmos o lado negativo, esquecendo o lado positivo da burocracia.

A Oposição Operária vê na burocracia a negação direta da iniciativa das massas. Isso tem reflexos no plano ideológico: qualquer nova iniciativa ou pensamento que não passe pela censura dos órgãos "dirigentes" é vista como violação da disciplina do partido, um atentado às autoridades centrais, a quem cabe prever e prescrever tudo. Os problemas não são resolvidos pela *ação direta* das classes ou grupos interessados, mas a decisão é tomada a partir do topo, por uma pessoa ou um comitê reduzidíssimo, com *ausência* completa dos interessados.

É o que argumentava Rosa Luxemburgo, criticando os bolcheviques quando pretendiam implantar o socialismo por decreto. Mostrava ela que, ao passo que a dominação do capitalismo se funda na *ignorância* das grandes massas, a construção do socialismo pressupõe maior iniciativa, liberdade de pensamento e ação dessas massas, pois é o caminho para a elevação do seu nível de consciência política.

Enquanto essas discussões se davam no interior do partido, os marinheiros da base naval de Kronstadt, inclusive os que prestavam serviço no encouraçado Potemkin – chamados em 1917, por Trotski, de "a glória da revolução" –, revoltam-se contra o governo central de Moscou.

A insurreição de Kronstadt iniciou-se a 3 de março de 1921 e terminou a 16 de março do mesmo ano.

A irrupção da revolta de Kronstadt está vinculada à situação do proletariado de Petrogrado. O inverno em Petrogrado nos anos 1920-21 foi particularmente severo, embora sua população tenha diminuído em dois terços. O abastecimento apresenta altos níveis de deficiência, devido ao estado catastrófico dos meios de transporte.

A crise de abastecimento, especialmente em víveres, está ligada também à degenerescência burocrática e à corrupção dos órgãos estatais da área.

A Rússia na época praticava a troca dos produtos industriais, produzidos nas cidades, com os produtos agrícolas. O sal e o petróleo urbanos eram trocados por alguns quilos de batatas e um pouco de farinha.

Oficialmente os mercados não existiam, mas na prática eram tolerados. Contudo, por ordem de Zinoviev, no verão de 1920, qualquer traço de comércio teria que desaparecer.

Pequenos armazéns e lojas foram lacrados pelo governo, porém o Estado não tinha possibilidade de abastecer a cidade. Em janeiro de 1921 a *Petrokommouna* (órgão estatal encarregado do abastecimento da cidade) informava que os trabalhadores da indústria pesada tinham direito a 800 gramas de pão preto, os operários dos grupos de choque a 600 gramas e os carteiros entre 400 a 200 gramas. O pão preto era nessa época o alimento essencial do trabalhador russo, mas essas rações oficiais eram irregularmente distribuídas e em quantidades menores que as estipuladas nos papéis.

Parte da população que possuía família em zona rural fugia da cidade. Esse dado importante desmente a versão oficial das greves operárias em Petrogrado como consequência da presença de camponeses não temperados pela ideologia proletária!

Os trabalhadores da usina Troubotchni realizam a primeira greve a 24 de fevereiro de 1921. O governo bolchevique envia contra eles destacamentos de cadetes.

Isso não impede que a greve se estenda à usina Baltiski, à usina Laferme, à fábrica de sapatos Skorokhod, às usinas Ademiralteiski, Bormann e Metalicheski, atingindo no dia 28 a usina Putilov, a maior do país.

Enquanto algumas usinas levantam reivindicações econômicas – como normalização do abastecimento à cidade dos produtos das zonas rurais, restabelecimento do mercado, supressão da fiscalização das milícias que se apropriam de alguns quilos de batatas que os trabalhadores conseguiram em troca de produtos manufaturados – outras formulam reivindicações políticas, como liberdade de palavra, liberdade de imprensa e libertação dos prisioneiros políticos. Em certas usinas os grevistas cassam a palavra aos bolcheviques.

Resposta do governo: medidas militares para enfrentar essas reivindicações através da constituição de um Comitê de Defesa, que proclama o *estado de sítio na cidade de Petrogrado*. A circulação de pessoas fica proibida após as 23 horas, assim como reuniões, comícios e agrupamentos, em locais abertos ou fechados, sem autorização do comitê. Infração a essas ordens implica julgamento, com aplicação das leis previstas em tempo

A Revolução Russa

de guerra. São mobilizados os membros do partido e os grevistas mais ativos são encarcerados.

Os marinheiros de Kronstadt enviam a 26 de fevereiro seus delegados a Petrogrado, para informar-se a respeito das greves. Visitam inúmeras usinas, voltando a Kronstadt no dia 28 do mesmo mês. Quais foram as reivindicações dos marinheiros de Kronstadt que levaram a base naval a levantar-se contra os bolcheviques?

Kronstadt: a revolução na Revolução

Kronstadt, considerando que os sovietes atuais *não* exprimiam mais a vontade dos operários e camponeses, reivindicava: imediata eleição com voto secreto, com liberdade de desenvolver a campanha eleitoral; liberdade de imprensa e palavra para operários e camponeses, anarquistas e socialistas de esquerda; liberdade de reunião para todos os sindicatos operários e organizações camponesas; liberdade para todos os socialistas prisioneiros políticos, assim como marinheiros e soldados do Exército Vermelho presos durante os movimentos populares; eleição de uma comissão encarregada de examinar os casos dos prisioneiros e dos internados em *campos de concentração*; supressão de todos os departamentos políticos (em cada unidade fabril, militar e de bairro, o partido possuía um departamento político); nenhum partido deve ter o privilégio da propaganda política e ideológica nem receber nenhuma subvenção governamental; no lugar dos departamentos políticos, formar Comissões de Educação e Cultura financiadas pelo Estado; supressão imediata de todas as barreiras militares; supressão dos destacamentos comunistas de choque em todas as seções militares e da Guarda Comunista nas minas e usinas; se houver necessidade de destacamentos, que sejam nomeados pelos soldados das seções militares; se houver necessidade de guardas, que sejam escolhidos pelos próprios trabalhadores; o camponês deve usufruir sua terra, sem empregar trabalho assalariado.

Os marinheiros de Kronstadt criticavam a formação de uma nova burocracia, a quem chamavam de *comissiocracia*, e também a estatização dos sindicatos. Inúmeros membros do Partido Bolchevique que residiam em Kronstadt pediram publicamente demissão do partido, aceitando a crítica dos marinheiros ao governo soviético.

Kronstadt mesmo se autodenomina a "Terceira Revolução Russa".

Qual a posição das várias facções políticas russas da época a respeito da rebelião?

Anarquistas – Embora houvesse entre os membros do Comitê Revolucionário marinheiros que se definiam como anarquistas, não se verificou intervenção direta dos anarquistas enquanto grupo ou corrente organizada. A imprensa anarquista não se manifesta a respeito da insurreição e Iarchouk, antigo anarcossindicalista, nada diz a respeito no seu livro sobre a insurreição de 1921.

Em caráter pessoal, anarquistas como Emma Goldman e Alexandre Berkman se propuseram a ser os mediadores entre os marinheiros e os bolcheviques; só a proposta de mediação já mostra a escassa participação anarquista na rebelião.

Quanto aos sovietes, na revolução ucraniana Makhno já lutava por sovietes *livres*.

A posição de Kronstadt de confiar aos sindicatos tarefas importantes não é ideia exclusivamente anarquista, pois os socialistas revolucionários de esquerda e os membros da Oposição Operária também a defendiam. Ela traduzia o consenso daqueles que pretendiam salvar a Revolução pela democracia operária, opondo-se à ditadura do partido único.

Mencheviques – Sempre tiveram escassa influência sobre os marinheiros. Embora tivessem número razoável de deputados no soviete de Kronstadt, seu nível de popularidade era baixo, enquanto os anarquistas, com três deputados somente, gozavam de muito maior aceitação entre os marinheiros (em 1917, numerosos anarquistas não distinguiam claramente suas diferenças com o bolchevismo, vendo em Lenin um marxista-bakuninista).

Embora hostis aos bolcheviques, os mencheviques nunca pregaram a revolução violenta contra o governo. Tentavam agir como *oposição legal* nos sovietes e no movimento sindical. Esperavam eles que o término da guerra civil levasse o regime soviético a rumos democráticos.

Socialistas revolucionários de direita – Através de seu líder Viktor Tchernov, apoiava Kronstadt e fazia a crítica à ditadura bolchevique, receitando como remédio aos males dos trabalhadores a convocação de uma Assembleia Constituinte. Criticavam acremente os bolcheviques de sobreporem os sovietes à Constituinte e até mesmo de fechá-la.

Socialistas revolucionários de esquerda – Apoiavam inteiramente as reivindicações de Kronstadt, enunciadas anteriormente. No seu jornal oficial, negavam terminantemente qualquer participação na insurreição.

Lenin – Liga a insurreição de Kronstadt ao elemento camponês pressionando o governo soviético. Denuncia a presença em Kronstadt de mencheviques, socialistas revolucionários e outros antibolcheviques. Atribui a direção da rebelião a um general czarista, Koslovski. Acusa Kronstadt de receber recursos do capital financeiro internacional, como tentativa de deslocamento do poder em proveito dos empresários urbanos e agrários. A argumentação de *Trotski* caminha no mesmo sentido que a de Lenin.

Porém, após Trotski ter sido exilado por Stalin, no México escreve seu último livro – foi assassinado no meio de sua redação por um agente da polícia secreta de Stalin –, instituládo *Stalin*, onde confessa que a repressão bolchevique a Kronstadt fora uma necessidade trágica; o mesmo vale para Makhno e outros revolucionários, que, segundo ele, *tinham boas intenções mas agiram erradamente.*

No real, o proletariado russo perdera o controle das fábricas, dirigidas por delegados do Estado, a insurreição camponesa autogestionária da Ucrânia, que derrotara os generais Denikin e Wrangel, foi contida pelo Exército Vermelho, e a insurreição de Kronstadt, que definia um programa de objetivos socialistas e libertários, foi selvagemente reprimida pelo bolchevismo. A repressão fora dirigida pelo general Tukatchevski, posteriormente fuzilado como "traidor" da Revolução por Stalin, nos célebres Processos de Moscou (1936-38). Diga-se de passagem, nesses processos Stalin fuzilaria todo o Comitê Central de Lenin.

A questão sindical

A questão sindical dividirá o Partido Bolchevique em duas tendências, expressas através da Plataforma dos Dez, obra de Lenin, Zinoviev, Tomski, Kalinin, Losovski, Kamenev e Stalin, e da Plataforma de Trotski e Bukharin.

O primeiro documento atribuía inúmeras funções ao sindicato: sob o Estado socialista, deve ele concentrar seus esforços na organização da economia, no recenseamento e repartição da força de trabalho, lutar contra a sabotagem industrial e zelar pela aplicação do trabalho obrigatório para todos. As tarefas do sindicato são econômicas e educacionais; sua realização pelo sindicato não deve se dar isoladamente, *mas enquanto aparelho fundamental do Estado soviético dirigido pelo Partido Comunista.* Devem os sindicatos se transformar em órgãos de *sustentação* do Estado proletário.

Os sindicatos devem ajudar o Conselho Superior de Economia na sua tarefa de estatizar as empresas, enfatiza a Plataforma dos Dez; isso, na prática, significa o controle pelo Estado da economia, de todo tipo de trabalho, consequentemente, da totalidade da vida dos cidadãos.

Mais ainda, cabe aos sindicatos sustentarem a ditadura do proletariado e converterem-se em *escolas do comunismo*, pois a *maioria* dos sindicalizados não pertence ao partido – dos 6.970.000 membros dos sindicatos, o partido conta com 500.000. Os sindicatos serão escolas do comunismo na medida em que organizarem os artistas e os empregados no comércio ou nos serviços de saúde, aproximando-os do partido.

O sindicato já cumpre *funções estatais*, com elaboração de normas de trabalho e divisão das roupas profissionais, e a Plataforma prevê que elas crescerão enormemente. Os sindicatos serão escolas do comunismo na medida em que tiverem amplos contingentes de proletários integrados a funções sindicais e não obrigatoriamente a funções partidárias. A estatização dos sindicatos prejudicaria a finalidade de torná-los escolas do comunismo. Esclarece a Plataforma que a *militarização do trabalho* será um sucesso desde que partido, sovietes e sindicatos possam explicar a sua finalidade aos trabalhadores.

Quanto à relação com o partido, a Plataforma dos Dez define claramente que as organizações centrais e locais do Partido Comunista russo dirigem o aspecto *ideológico* do trabalho sindical; as frações comunistas dos sindicatos devem obedecer fielmente às organizações do partido, conforme decisão do X Congresso.

Ressalta a importância de o sindicato lutar contra a deserção no trabalho e tudo que atente contra a disciplina do mesmo. Preconiza a criação de tribunais disciplinares, chamados *tribunais de camaradas*, para julgar os que transgredirem as normas sindicais.

A Plataforma de Trotski e Bukharin ao X Congresso do partido, além de copiar a Plataforma dos Dez no que se refere ao sindicato como escola de comunismo e organismo disciplinador, no seu item 10 prega a *estatização dos sindicatos*, pois, segundo

Trotski, *isso permitiria às massas laboriosas compreenderem o caráter socialista do trabalho obrigatório sob controle sindical*.

Trotski vincula a maior influência sindical sobre a economia à maior integração do sindicato no aparelho de Estado; tudo isso para reagir à burocratização, segundo ele.

Essas duas plataformas motivaram reação enérgica da Oposição Operária. Esta acusa o PC de ser dominado pelos cidadãos de origem pequeno-burguesa, que constituem 60% de seu contingente para 40% de cidadãos de origem operário-camponesa. Critica a falta de liberdade de expressão no *interior do partido*, onde é estigmatizado como anarcossindicalista todo aquele que pretende aproximar o proletário da fábrica do partido.

No movimento sindical, a Oposição Operária denuncia a dura realidade da *repressão burocrática às iniciativas operárias*, o abuso de poder das burocracias do partido e do sindicato, ignorando decisões tomadas em congresso.

Critica a tutela e opressão da burocracia que atinge os membros do próprio partido, que não escolhem quem querem, mas *elegem os intrigantes bem relacionados*. Conclui que tais métodos de trabalho conduzem ao *carreirismo, ao espírito de intriga e servilismo*.

Tudo isso consta da carta-apelo enviada pela Oposição Operária da URSS aos membros da Conferência da Internacional Comunista, a 26 de fevereiro de 1922.

A Oposição Operária critica a cúpula do partido de *não confiar na capacidade de trabalho da classe operária*, achando que simples operários não criarão as condições econômicas necessárias à construção do comunismo. Essa atitude encontra-se nos pronunciamentos de Lenin, Trotski, Bukharin e Zinoviev, com o pretexto de que assunto de *produção* é tema delicado, sendo impossível ao trabalhador lidar com isso sem ter um *guia* ou chefe. Pretendem, em outras palavras, colocar de volta os trabalhadores nos bancos escolares; após devidamente instruídos, os professores do Conselho Superior de Economia Nacional deixarão lugar aos sindicatos para dirigirem a economia.

A Revolução Russa

Todos eles concordam que a direção da economia seja orientada de cima para baixo, utilizando uma burocracia herdada do czarismo. Em suma, destinam ao sindicato uma função secundária de auxiliar.

A Plataforma dos Dez acentua a função *educativa* do sindicato, como escola do comunismo. Trata-se então de formar *operários pedagogos* e não sindicalistas combativos. No entanto, o "aluno" não tem espaço para mostrar sua criatividade. Estranha pedagogia, essa.

Porém, argumenta a Oposição Operária, eles esquecem que os sindicatos *não* podem reduzir-se a serem escolas, mas devem ser os *criadores* do comunismo.

Como já vimos, para quase 7 milhões de operários, existiam na Rússia de então 500 mil comunistas. Segundo Lenin, o partido engloba a vanguarda do proletariado e deduz-se que a elite dos comunistas, em colaboração estreita com os "especialistas" da administração econômica estatal, elabora os métodos laboratoriais da experiência comunista, supervisionados pelos membros do Conselho Superior de Economia Nacional. E as massas operárias dos sindicatos devem considerá-los seus instrutores, guiando-se pelo seu "exemplo". Quanto a exercer o poder, segundo Lenin, Trotski, Zinoviev, Bukharin, o momento ainda não é chegado: os "alunos" devem aguardar.

Bukharin reúne duas posturas a respeito: os sindicatos são escolas do comunismo e ao mesmo tempo órgãos do Estado proletário. Ele unifica as teses de Lenin e Trotski no que têm de essencial.

A Oposição Operária coloca uma questão fundamental: a construção do comunismo será feita pela burocracia ou por iniciativa das massas? O VIII Congresso dos sovietes examinou o tema da burocracia muito apressadamente.

O que não constitui solução ao problema da crescente burocratização da Revolução é o transferir comunistas de um cargo a outro, de um ministério a outro, onde são engolidos pela atmosfera burocrática lá reinante e pelo predomínio do elemento pequeno-burguês. Tais medidas não levam à ampliação da democracia nem muito menos à revivificação dos sovietes.

Não somente a iniciativa das massas sem partido foi bloqueada, mas até mesmo a das massas pertencentes ao próprio Partido Comunista. Queixa-se a Oposição Operária de que qualquer iniciativa independente, qualquer pensamento novo que nunca passou pela censura dos órgãos dirigentes, são considerados *heresia, violação* da disciplina do partido, *atentado* às autoridades centrais que tudo devem prever e prescrever. Com esses mesmos argumentos, anos depois Trotski, no exílio, denunciará a burocracia no célebre livro *A revolução traída*.

Que iniciativa é possível sem liberdade de opinião e pensamento? – perguntam os membros da Oposição Operária, como perguntaram os camponeses de Makhno na Ucrânia e os marinheiros de Kronstadt, todos reprimidos pelos bolcheviques.

A Oposição reconhece que a condição de livrar-se do domínio da burocracia que emerge no interior do partido – e não só nas instituições estatais – é *combater o sistema na sua totalidade*. Assim, conclama o Partido Comunista a *tornar-se* um partido operário, a promover depurações internas dos elementos não proletários que se infiltraram no mesmo após a vitória de Outubro. Propõe a volta a princípio *eletivo*, pois a nomeação pelo alto é o traço característico da burocracia, e que a *base* volte a examinar todas as questões, para só depois elas serem submetidas às cúpulas.

Conclui que a liberdade de crítica e de discussão, além do reconhecimento das *diversas tendências* no interior do partido, é a melhor arma antiburocrática.

Porém uma questão se coloca nessa crítica da Oposição à burocracia e no remédio apontado acima: como manter liberdade *interna* no partido se no plano *externo* existe a ditadura do *partido único* em nome do proletariado?

A falta de liberdade de discussão, na sociedade civil como um todo, logicamente cria o mesmo clima no interior do partido e dos sindicatos.

O problema é mais amplo e profundo. Kautsky, criticando o bolchevismo, defendia uma democracia à ocidental, com Parlamento, atribuindo aos sovietes caráter auxiliar. Lenin, por sua vez, contrapunha à democracia com pluripartidarismo e Parlamento, o que ele entendia por *ditadura do proletariado*, exercida pelo partido, como "sua" vanguarda.

Isso nos leva a discutir o papel dos sovietes na construção de uma sociedade socialista e sua compatibilidade com a existência de uma ditadura exercida por um partido.

Os sovietes

Os sovietes (conselhos) surgem como órgãos revolucionários que representam as classes proletárias urbanas ou rurais e sua estrutura organizatória toma a direção de uma *democracia direta*, tendo em vista atingir seu objetivo: uma transformação estrutural da sociedade. A forma *conselho* historicamente aparece diferenciada: por *movimento de conselhos*, entende-se o fenômeno concreto político-social, podendo acompanhar-se sua origem, influência político-social e o processo histórico de sua atuação: por *filosofia dos conselhos*, entende-se seu ideário, as noções teóricas que se articulam com o movimento dos conselhos; por fim, pode aparecer um *sistema de conselhos*, na forma de sovietes estatais, como ocorreu na Revolução Russa.

Assim, a forma *conselho* pode tomar conteúdos históricos diferentes, dependentes do momento histórico-social em que se dá – assim as *cidades comunais* da Idade Média, os cantões camponeses na Suíça, as primitivas estruturas municipais norte-americanas, a Comuna de Paris de 1871 e os sovietes russos em 1905. Seus teóricos mais importantes são Max Adler e Anton

Pannekoek. (Outra forma específica de conselho é representada pelos *comitês de fábrica*.)

Valorizando a ação direta como forma de atuação, rejeitando o Parlamento e os partidos políticos como mediadores entre o proletariado e a sociedade global, privilegiando a auto-organização e a transformação social por via sindical, Pouget, Griffuelles, Monatte e Yvetot, sindicalistas revolucionários franceses, foram os primeiros teóricos do soviete.

Porém, sua primeira aparição enquanto fenômeno político e histórico se dará na Revolução Russa de 1905.

Cria-se uma dualidade de poder: de um lado, sovietes, partidos e sindicatos numa frente, de outro lado, o Estado. O soviete que surgiu em São Petersburgo foi consequência de um grande movimento grevista, ocorrido em 1905, em outubro. O soviete que se instala a 27 de fevereiro de 1917, no Palácio Taurida, em Petrogrado, já é fruto de um processo revolucionário que atinge o exército, as fábricas e os campos.

As greves começaram por reivindicações estritamente econômicas e rapidamente atingiam o caráter de greves de massa ou greves gerais com *objetivos políticos*. Isso explica por que foi a Rússia que produziu a primeira e exemplar tentativa histórica de massa, como o notara já na época Rosa Luxemburgo. E explica também por que, no seio do vasto movimento de oposição ao czarismo – que compreendia correntes liberais reclamando reformas pela via do constitucionalismo, revoltas camponesas pela divisão das terras, impulsos autonomistas por parte das minorias nacionais do Império, dos grupos políticos variados e das diferentes camadas sociais –, *o movimento operário* soube emergir rapidamente, *apesar* de sua fraqueza numérica, como força motriz de toda a corrente de oposição.

A capacidade de auto-organização das massas operárias e camponesas russas com a criação dos sovietes, instituição essa que surgira espontaneamente da massa como forma de organi-

A Revolução Russa

zação, mostra que *espontaneidade* na origem dos movimentos e na criação de novas instituições não implica desorganização.

Ao contrário, espontaneidade e organização são características das ações das massas populares há muitos anos. Só aqueles que pretendem *controlar, dirigir* e *domesticar* esses movimentos sociais é que contrapõem espontaneísmo a organização.

Ao analisar a irrupção maciça de greves na Rússia no início do século XX, Rosa Luxemburgo estava mais atenta que Lenin a esses movimentos. Na época, Lenin estava ocupado com a defesa de sua teoria do partido fundado no centralismo democrático, no livro *O que fazer?*, de 1902, e no II Congresso do Partido Social-Democrata de 1903. Mostrava ela a importância da greve de massa: greves parciais, políticas ou econômicas, greves gerais em setores particulares ou em cidades, pacíficas lutas salariais são movimentos *entrecruzados* de formas de luta revolucionárias.

Isso tudo fez aparecer os sovietes, que representam uma fase avançada de um processo revolucionário que não sofrera interrupção. São o ponto alto do *iceberg*, embora pareçam nascer de improviso.

Trotski, na sua obra *1905*, reconhece esse fato ao admitir que os sovietes eram a resposta das massas a uma situação em que elas precisavam organizar-se sem contar com a *tradição* operária anterior, sem se sujeitar aos freios de uma organização, fazendo convergir as diversas tendências revolucionárias com base na mais ampla representação. O soviete contava com o decidido apoio dos trabalhadores, sem reverência alguma a partidos ou autoridades carismáticas.

Em termos partidários, embora os sovietes não fossem partidários, eram compostos na sua maioria de *mencheviques*, como mostra o jornal *Iskra* (Centelha) de 18 de julho de 1905, que preconiza o boicote à Duma de Buliguin, primeira tentativa do czar para acalmar a população. O menchevique Dan propõe que, à margem das eleições legais, sejam feitas outras, ilegais, de *deputados revolucionários* que, ao lado da Câmara oficial, formem um conselho fundado na *autogestão* revolucionária.

Lenin opõe-se à criação e difusão dos sovietes. Crê que só uma insurreição revolucionária poderia criá-los, emanando não da consulta aos interessados – trabalhadores rurais e urbanos – mas de *partidos que dirigiriam a insurreição*.

No seu livro *Duas táticas da social-democracia na revolução democrática*, Lenin critica a instalação de sovietes como *uma mera frase revolucionária cujos termos sedutores pertencem a um passado remoto*. Conclui seu raciocínio atacando duramente a Comuna de Paris que, segundo ele, mostrara como *não* se devia fazer uma revolução. Portanto, ele é hostil aos sovietes em 1905.

O soviete de São Petersburgo, que dura 90 dias, reúne delegados de empresas, na base de um delegado para quinhentos assalariados, e atua como o verdadeiro governo da cidade, imprimindo seu jornal oficial, repudiando os empréstimos governamentais, instaurando a jornada de oito horas de trabalho, criando suas milícias armadas.

Os *partidos políticos*, todos, assistem às suas reuniões com função meramente *consultiva*.

Lenin não vê no soviete de operários e camponeses expressão da autogestão econômica, política e social exercida pelas massas. Essa posição de Lenin permite a hegemonia dos mencheviques e socialistas revolucionários nos sovietes. Lenin, em 1905, tudo espera de uma Assembleia Constituinte, mas os anarquistas, mencheviques, socialistas revolucionários e Trotski veem nos sovietes a expressão política do poder operário-camponês exercido diretamente.

Reprimidos após o fracasso da Revolução de 1905, os sovietes reaparecem em 1917, também como produto de uma onda imensa de greves.

Em 1915, Lenin muda sua atitude diante dos sovietes, considerando-os agora órgãos do poder revolucionário.

Sobretudo em Petrogrado, onde o choque político fora mais concentrado, o soviete urbano presidido por Trotski fora o reflexo dos acontecimentos que conduziram à Revolução de Fevereiro de 1917, à fuga do czar e à tomada do poder pelos bolcheviques em outubro.

Lenin, nas suas *Teses de abril*, prega abertamente "Todo poder aos sovietes", convencido de que estes desenvolveriam mais intensamente as iniciativas populares e criticando aqueles que não compreendiam o significado dos sovietes, de representarem um tipo de poder como o da Comuna de Paris. A autogestão em ação.

Porém, o sentido dos sovietes muda após a tomada do poder pelo partido.

O processo político mostrou uma tensão entre o movimento social (sovietes), o Partido Bolchevique (centralização) e o novo Estado construído sob sua égide.

Na medida em que Lenin englobava como contrarrevolucionários todos os partidos, menos o seu, logicamente, somente o Partido Bolchevique e os socialistas revolucionários de esquerda podiam participar das eleições. A prisão dos delegados ao soviete que eram mencheviques ou socialistas revolucionários e sua expulsão do Comitê Central Executivo são aplicações da teoria leninista em relação a outros partidos, mesmo os de esquerda.

A autonomia do soviete, um dos eixos principais da revolução social desde 1917, é colocada em questão pelo partido. Em todos os níveis da sociedade, o poder passa dos organismos soviéticos aos órgãos do partido. Os sovietes tornam-se simples conselhos de execução, conforme as resoluções tomadas pelo II Congresso da Internacional Comunista.

O Comitê Central do Partido e o seu Birô Político neutralizam o Comitê Executivo Central dos sovietes e o Conselho dos Comissários do Povo.

Em decorrência do levante de Kronstadt, reprimido pelo governo, o partido proíbe a existência de frações – a democracia que desaparecera dos sovietes também deixara o partido.

A ditadura do proletariado

A ditadura do proletariado é um dos conceitos centrais operacionalizados por Lenin no transcurso da Revolução Russa, tendo como fonte doutrinária direta Marx e indireta a ação dos jacobinos (adeptos de Robespierre) durante a Revolução Francesa.

A noção de ditadura não procede das práticas dos trabalhadores, mas da burguesia, que, para sorte sua, influi em setores consideráveis dos movimentos ou partidos da autodenominada "esquerda".

O que significa a ditadura? É uma certa forma de tomada do poder de Estado, é o Estado submetido ao *estado de sítio*. Os defensores da ditadura, como quaisquer partidários do Estado, pretendem impor ao povo sua vontade em nome da "transição" do capitalismo ao socialismo. Essa concepção é a maior inimiga da revolução social, na medida em que a *participação* construtiva e direta das massas é bloqueada, controlada, supervisionada. Está vinculada à ideologia da ignorância das massas e de sua incapacidade congênita em formular um projeto político-social. Foram os jacobinos pequeno-burgueses que legaram aos adeptos do *socialismo estatal* a noção de ditadura. Os jacobinos não só proibiam qualquer greve – no processo da Revolução Francesa de 1789 – como também os organizadores de qualquer associação operária sofriam a aplicação da pena de morte.

Há a considerar que a análise unilateral que predominou no julgamento das forças propulsoras da Revolução Francesa contribuiu para conferir à ditadura jacobina uma força que não possuía, e a morte de seus líderes fez aumentar essa lenda.

A abolição do feudalismo e da monarquia não foi obra dos jacobinos nem da Convenção, mas *dos camponeses, artesãos e proletários urbanos*, contrariando a vontade daqueles. A abolição do sistema feudal fora resultado das rebeliões camponesas, reprimidas pelos partidos políticos. Até 1792, a Assembleia Nacional manteve o feudalismo; um ano depois, decretava seu desaparecimento por pressão camponesa.

Na tradição jacobina figura Babeuf, que na sua Conspiração dos Iguais pretendia tomar o poder e implantar uma ditadura, um Estado agrário comunista.

No *Manifesto comunista*, Marx explica que a ditadura do proletariado é igual à conquista da *democracia*. Antes da Revolução de 1848 ele define a dominação política do proletariado como resultado do surgimento de um regime democrático fundado no sufrágio universal.

As decepções com o esmagamento das revoluções de 1848 levam-no a se aproximar de *Blanqui*. Em 1850, ele pondera que Blanqui concebe a ditadura do proletariado como a transição necessária para a supressão das classes em geral.

Em 1871, Marx, que jamais definira seu conceito de ditadura centralizada, escreve *A guerra civil em França*, em que faz a defesa da Comuna de Paris, considerando-a a realização da noção de ditadura do proletariado.

Vinte anos depois, Engels irá declarar num Congresso da Social-Democracia Alemã que a forma específica de ditadura do proletariado é a *república democrática una e indivisível*. Em Marx, a noção de ditadura do proletariado toma as formas políticas mais diversificadas – da conquista da democracia no *Manifesto comunista* à ditadura centralizada de Blanqui e à forma de organização da Comuna de Paris como modelo histórico.

Lenin, durante a Revolução de 1905, com sua *tradição jacobina*, defende a ideia da *ditadura democrática dos operários e camponeses* (lembremo-nos de que na sua obra *Que fazer?*, de 1902, definia o social-democrata como um jacobino ligado ao proletariado). Essa ditadura democrática seria apoiada por uma Assembleia Constituinte, uma reedição da Convenção da Revolução Francesa.

Trotski defenderá a tática da *revolução permanente* de Blanqui e Marx, na qual os comitês de greve e sovietes seriam os órgãos da ditadura revolucionária. Em 1917, Lenin adota a teoria da revolução permanente e utiliza os sovietes contra o Estado centralizado dos liberais. Justifica essa nova posição na sua obra *O Estado e a Revolução*.

Porém, após a tomada do poder pelo partido, os sovietes são "depurados" pela *Tcheka*; isolados e dispersos, são suplantados pelo partido centralizado. A guerra civil favorecerá essa centralização. Isso levará à ditadura do partido *sobre* o proletariado, ou, como escrevia Trotski em 1904, no seu livro *Nossas tarefas políticas*, quando oscilava entre a adesão aos mencheviques ou aos bolcheviques: "No esquema de Lenin, o Partido *substitui* a classe, o Comitê Central *substitui* o Partido e o Secretário Geral *substitui* o Comitê Central". Foi o que se deu. Trataremos desse assunto mais adiante.

A Assembleia Constituinte

Em novembro de 1917, Lenin dissolve a Assembleia Constituinte. Até essa data ele atacara furiosamente o primeiro-ministro Kerenski por postergar sua convocação e o próprio Trotski considerava que o Outubro do partido, quando este tomara o poder, seria a salvação da Assembleia. O próprio partido não manifestava grande entusiasmo pelo golpe de Estado de Outubro; sem Lenin ou Trotski, ele continuaria a esperar uma Constituinte para atuar como oposição de esquerda. O Congresso dos sovietes concedera ao governo um mandato *provisório* até a convocação da Constituinte; os decretos bolcheviques referentes à terra e à paz precisariam ser ratificados pela futura Assembleia.

Diante das primeiras medidas repressivas do governo, onze comissários do povo se demitem do Partido Bolchevique, reivindicando um governo de coalizão com todos os partidos socialistas – única solução, segundo eles, para não se deixar governar pelo terror de Estado.

Para fins eleitorais, conta o partido com o decreto que confisca a grande propriedade fundiária em proveito dos sovietes camponeses e ao mesmo tempo mina a influência político-eleitoral dos socialistas revolucionários no campo.

Lenin pensa permanecer no poder até os inícios da tão esperada revolução socialista na Alemanha. Nesse espírito, faz a paz com a Alemanha sem indenizações ou anexações.

No plano interno, fora criada a polícia secreta (*Tcheka*). Lenin não submete seus decretos ao Comitê Central Executivo, ante o qual teria que prestar contas. Apela à iniciativa dos sovietes, mas impede que eles controlem os delegados que elegeram. Após o golpe de Estado de Outubro, quer organizar a Assembleia Constituinte com base em eleições, mudando as listas eleitorais. Ele redige o decreto que condena à pena de morte os desertores, extensiva aos civis.

Steinberg, socialista revolucionário de esquerda, comissário do povo para a Justiça, prega o terror revolucionário por seis meses, após o que promete a implantação do socialismo.

Como é possível existir uma Assembleia Constituinte controlando os atos do Poder Executivo se ele próprio não tolera a intervenção do Comitê Executivo dos sovietes?

Votam 36 milhões de eleitores; os bolcheviques obtêm 25% da votação, os socialistas revolucionários 58%, os mencheviques 4% e os liberais 13%.

No norte da URSS os bolcheviques obtêm 30 a 40% dos votos; no sul, na Ucrânia, no Baixo Volga e no Cáucaso estão muito enfraquecidos, conseguindo 10% dos votos contra 77% destinados aos socialistas revolucionários. Na Geórgia, os mencheviques ganham esmagadoramente. Na frota do Mar

Negro, os bolcheviques recebem 25% dos votos; no exército, no sul, 30%; na Ucrânia, 30% e nenhum voto no Cáucaso. No exército, em seu conjunto, são vencidos eleitoralmente pelos socialistas revolucionários.

Nas cidades como Petrogrado ou Moscou, onde a pressão de seu poder se exerce diretamente, os bolcheviques obtêm um pequeno número de votos em relação às eleições municipais anteriores; entre as nacionalidades alógenas que contestam seu governo, recebem votação inexpressiva.

Apesar das promessas de Lenin às nacionalidades alógenas do Império russo em favor de sua autonomia, elas não o aceitam, conforme mostra o resultado eleitoral. E apesar do seu Projeto sobre a Terra, que ele toma dos socialistas revolucionários e transforma em decreto, os camponeses rejeitam-no.

A Constituinte de 1918 realiza o que Lenin reclamara em 1905: a necessidade de uma maioria esmagadora de 87% de representantes de operários e camponeses. Assim os bolcheviques poderiam governar apoiados numa maioria revolucionária que garantiria a democracia socialista.

Certos militantes socialistas revolucionários propuseram a Lenin a criação de uma Convenção, unindo os partidos sovietistas da Constituinte ao Comitê Central Executivo. Ele recusa; preferirá um "sovietismo domesticado".

O argumento leninista de que se impunha a dissolução da Constituinte, por não representar as relações de força reais do momento, desconhece que poderia ser convocada outra Constituinte que representasse tais relações de força.

Ao dissolver a Constituinte, Lenin agira nos termos de Blanqui: primeiro extirpar as más ervas burguesas e monárquicas.

Trotski explica a dissolução, esclarecendo que os camponeses das aldeias nada sabiam do que se passava em Moscou e Petrogrado, votando nos *Narodnili* (populistas) para seus representantes nos Comitês Regionais. Isso mostra como ficavam para trás da evolução da luta política, salienta Trotski.

Se a Constituinte foi convocada antes de 1918, caberia convocar outra, depois, que refletisse a nova realidade. Porém, o desprezo que os bolcheviques revelaram por eleições gerais após uma revolução mostra até que ponto minimizavam a influência, sobre os corpos representativos, do *movimento real da sociedade*. Uma revolução pode transformar velhos porta-vozes em novos.

A Revolução e o problema nacional e colonial

Um dos temas cruciais colocados pela Revolução Russa de 1917 foi a realização da autodeterminação nacional nos quadros do antigo Império russo, transformado em República Socialista Soviética.

Porém, bem antes da eclosão da Revolução Russa, o problema nacional estava vinculado ao colonial. Assim, no *Congresso Socialista Internacional de Amsterdã*, realizado entre os dias 14 e 20 de agosto de 1904, o relatório do socialista holandês Van Kol defende a tese de que novas necessidades surgirão após a vitória da classe operária e de que sua libertação econômica implicará, mesmo sob regime socialista, a posse de colônias. Assim, Van Kol sustenta que mesmo a sociedade socialista do futuro deverá ter *sua* política colonial, regulando as relações dos países que atingiram uma posição superior na evolução econômica com aqueles países retardatários.

No que se refere ao mercado de trabalho, Van Kol adverte que os trabalhadores dos países civilizados devem garantir-se contra a concorrência mortal da mão de obra nas colônias. "Devemos abandonar o reinado da fraseologia", adverte no Congresso Socialista de Stuttgart (1907) o socialista alemão David, salientando que a Europa necessita de colônias, pois não as tem em suficiente número. E conclui observando que a Europa sem colônias poderá regredir, do ponto de vista econômico, à situação da China.

O teórico do socialismo pela reforma gradual, através da via parlamentar, Eduard Bernstein, nesse mesmo Congresso faz atentar que aumenta crescentemente a influência dos grupos socialistas, razão pela qual, em matéria colonial, *não* se pode manter uma atitude negativa. Propõe a rejeição da utopia que consiste no *abandono das colônias*. Defende a necessidade de uma certa tutela dos povos "civilizados" sobre os "não civilizados". Propõe uma *política colonial socialista*, que se oponha à política colonial capitalista.

Contrariamente a isso, em plena guerra, em 1916, Lenin desenvolve o ponto de vista do direito das nações disporem de si próprias e da autodeterminação nacional, como parte do projeto que visa à implantação do socialismo. As nações oprimidas disporem de seu destino e o direito à livre separação política – nisso consiste a autodeterminação pregada por Lenin.

A 19 de julho de 1920 reúne-se o II Congresso da III Internacional, onde o representante do Partido Comunista da Índia, Roy, defende o ponto de vista de que os destinos da Revolução Russa dependem do movimento revolucionário no Oriente. São as colônias que permitem maiores lucros ao capitalismo mundial, que pode repassá-los em parte ao proletariado europeu, corrompendo-o e afastando-o de qualquer aspiração à mudança social.

A questão nacional, isto é, do Estado nacional e sua independência, liga-se à revolução democrático-burguesa – aquela que elimina os obstáculos ao livre desenvolvimento do capitalismo e das formas burguesas de propriedade, unifica economicamente o país através do mercado nacional, reestrutura o setor agrário com a introdução do capitalismo no campo, elimina o absolutismo através da reforma do aparelho de Estado, garante o sufrágio universal e o constitucionalismo, com os direitos do cidadão definidos por lei.

Num país como a Rússia, onde a dominação dos chamados *grandes russos* é exercida sobre inúmeras populações periféricas do Império, Lenin prega o direito da autodeterminação nacional. Lenin vê no movimento nacional burguês de uma nação oprimida um conteúdo democrático que deve ser apoiado: apoia a burguesia polonesa, porém lutando contra a tendência desta em esmagar o povo judeu.

Lenin defende o direito de a Ucrânia constituir-se em Estado independente, mas o proletariado não pode defender o privilégio de os grandes russos constituírem uma nação grã-russa privilegiada. "Um povo que oprime outros povos não pode ser livre", lembra Lenin, citando Marx.

À pergunta "Uma Ucrânia revolucionária se separaria de uma Rússia czarista?", Lenin responde sem hesitação: sim. Esclarece, porém, que, se a revolução socialista vence na Ucrânia e no conjunto da Rússia, as duas nações podem continuar unidas *livremente*.

Para ele a classe operária não deve cultivar o fetiche do nacionalismo, mas apoiar os movimentos nacionais no que têm de progressivo. Por isso, aconselha a apoiar a luta das colônias – ao contrário da posição de Van Kol na II Internacional –, mesmo quando é a burguesia que a dirige, contra o imperialismo. Lenin resume seu ponto de vista a respeito da questão colonial e nacional: igualdade de todas as nações, liberdade de disporem de si próprias e união dos trabalhadores de todas as nações.

O que colocou o problema nacional na ordem do dia na Revolução Russa foram as consequências da penetração capitalista no Império russo, que espalhou os *russos* por todo o império; a presença destes era incisiva na medida em que se desenvolvia a exploração das riquezas na Ucrânia e se construía a estrada transiberiana.

Esse tipo de desenvolvimento atingiu rapidamente as províncias do oeste abertas à Europa e as regiões habitadas pelos muçulmanos russos, onde são publicados jornais e livros em língua árabe, cujas edições esgotam-se facilmente. Os alógenos reagem à política de *russificação*, pois veem nela uma *agressão*, razão pela qual os *movimentos de caráter nacional* no Império russo crescem geometricamente.

Em 1905, eles eram totalmente *solidários* aos partidos revolucionários russos que combatiam a autocracia grã-russa.

A maioria das nacionalidades alógenas é favorável a uma República Federal. Adeptas da autodeterminação nacional, reivindicam autonomia tanto interna quanto externa.

É o caso dos *finlandeses* que se beneficiaram de uma certa autonomia interna e reagem às restrições impostas pelo czarismo no início do século XX. Alguns querem unir-se à Suécia, porém a maioria é partidária da autonomia. Em março, o Governo Provisório russo publica um documento reconhecendo a autonomia finlandesa. No Parlamento, forma-se um bloco socialista majoritário que se declara adepto da *nova Rússia*; as entidades finlandesas em Petrogrado declaram só reconhecer o Governo Provisório na medida em que execute as decisões do soviete. Os socialistas finlandeses fazem um acordo com os bolcheviques: a Finlândia independente se ligará à Rússia por uma união com cossoberania em questões como guerra e paz e política exterior. O povo quer esse acordo, e as classes dominantes finlandesas veem na aliança com a burguesia russa sua salvação.

O que sucedeu na Finlândia com a aplicação da palavra de ordem leninista de autodeterminação nacional, pelo comissário das Nacionalidades do governo soviético, Stalin?

Criara-se uma *Liga Finlandesa* na cidade de Riga ocupada pela Alemanha, composta por burgueses pertencentes ao Partido Agrário. Os suecos intervêm indiretamente na Finlândia, enviando os partidários da unificação entre os dois países. Em julho de 1917, os soviéticos confiscaram 14 quilos de ouro, fruto de relações comerciais clandestinas entre a Finlândia e a Alemanha. Os suecos, pelo Privata Central Bank, desenvolvem relações econômicas indiretas entre Finlândia e Alemanha. A burguesia finlandesa, apoiada por Suécia e Alemanha, torna-se mais hostil à Rússia.

Os membros da Liga Finlandesa e os conservadores ligados à Alemanha foram grupos militares de "autodefesa". Os social--democratas finlandeses criam uma Guarda da Liberdade Popular, ligada aos bolcheviques. Funda-se um soviete na cidade finlandesa de Tammerfors. Estabelece-se a *dualidade de poder*.

Os bolcheviques estão diante de um dilema: se respeitam suas promessas de conceder autodeterminação nacional, o farão a uma Finlândia dominada pela burguesia que utilizara o terror para vencer eleitoralmente os social-democratas do país. A 6 de dezembro de 1917, os bolcheviques reconhecem a total independência do país, no momento em que os soviéticos negociam com a Alemanha o Tratado de Paz de Brest-Litovsk, cuja assinatura põe fim ao estado de guerra entre alemães e russos. Com a concessão da autodeterminação à Finlândia, os bolcheviques estavam provando coerência entre o discurso político e suas práticas.

Enquanto isso, a esquerda da social-democracia finlandesa, estimulada pela proximidade com a URSS, tenta tomar o poder. Os bolcheviques enviam mil soldados para apoiá-los. A burguesia finlandesa apela ao *apoio alemão* e, sob a direção do general Mannerheim, reprime o movimento. Quarenta mil social-democratas finlandeses morrem. Resultado: cria-se uma cocidadania russo-finlandesa que sela a paz da URSS com a Finlândia.

No que se refere às nacionalidades pertencentes ao Império russo, Lenin estabelece tratados bilaterais com cada Estado nacional logo após seu reconhecimento. Pouco a pouco, esses Estados perdem sua autonomia, sua força militar e diplomacia independente. Na Ucrânia e na Geórgia isso se dá em 1924.

Na *Polônia* ocorre o mesmo. O Conselho de Estado, ligado às potências europeias, contesta o direito de a Assembleia Constituinte russa decidir o destino da Polônia. A esquerda polonesa aproxima-se do novo regime russo. Soldados poloneses pedem a constituição de um corpo militar *específico*, como garantia da autonomia posterior da Polônia. A extrema esquerda polonesa vê nisso um perigo para a revolução socialista; uma parte dos trabalhadores enfatiza em primeiro lugar a *solidariedade internacional do proletariado*. A 19 de março de 1917, o governo russo concede, a todos os cidadãos da Rússia, liberdade de ir e vir, acesso aos quadros públicos, direito de propriedade, de exercer qualquer profissão e de *utilizar a língua nacional nas escolas*.

Na *Ucrânia*, os nacionalistas enfatizam reivindicações culturais e pedem autonomia para administrar as províncias. A esquerda radical e os mencheviques não são favoráveis a essas reivindicações.

Na *Geórgia*, os socialistas enfatizam o caráter *internacional* da luta pelo socialismo, antes de mais nada. Em Tíflis, onde a burguesia era russa ou armênia, a luta de classes confundia-se com a luta contra a opressão estrangeira.

Na *Armênia*, em função da ameaça turca, o separatismo não criou raízes. Pregava-se a constituição de uma *república* que englobasse a Transcaucásia, em razão do alto contingente de armênios lá existentes, especialmente na Geórgia.

Os *judeus*, com o renascimento do antissemitismo na *Ucrânia*, conscientes de que são rejeitados pela nacionalidade russa e de que constituem uma *nação*, lutam pelo seu reconhecimento. Em 1897, funda-se o *Bund* (Partido Socialista Judeu), que espera resolver o *problema judeu* pela revolução socialista. Inicialmente surge integrado ao Partido Social-Democrata Russo; separa-se dele em 1903 e em 1912 reintegra-se a seus quadros. Os nacionalistas judeus veem no Bund a defesa de um judaísmo precário. Como reação a ele, surge o *Partido Poalé Sion*, a favor de um Estado judeu independente, seja na América do Sul, na África etc.

O Bund está entre dois fogos: dos revolucionários que não se consideram judeus (Trotski, Martov), combatendo o nacionalismo judaico, e dos sionistas, que desconfiam do "judaísmo" do Bund e duvidam que o socialismo resolverá o *problema judeu*.

A Revolução altera o comportamento dos judeus da Rússia e suas atitudes perante o problema nacional. Não considerando os russos de confissão judaica que são revolucionários, inúmeros judeus ignoram reivindicações nacionais ou do tipo confessional. Tanto os trabalhadores judeus de Tambov quanto os soldados judeus do 25º e do 39º regimentos não só apoiam a revolução, como fazem profissão de fé pela igualdade e liberdade.

O Partido Operário Judeu, o Bund, prega a união dos trabalhadores judeus ao conjunto da classe operária russa, para realizarem uma campanha pela Assembleia Constituinte. Ele se integra às lutas políticas inerentes ao novo regime, dando prioridade a reivindicar, para a comunidade judaica na Rússia, *autonomia cultural*, só viável com a instauração de um regime democrático. Enquanto o Bund assume a luta dos trabalhadores russos na sua totalidade, a tendência *nacionalista* na comunidade judaica é expressada pelo *sionismo*. Este vê na mudança do regime a possibilidade de pedir apoio do governo russo à construção de "um lar nacional na Palestina". Opondo-se a isso, o Bund organiza um Congresso Nacional Judaico, numa tentativa de unificar forças. As decisões não obrigam a ninguém da classe trabalhadora judaica, assinala o Bund; a decisão final cabe à Constituinte.

Ucranianos, letões, estonianos, tártaros, *uzbeks*, enfim, inúmeros povos que faziam parte do Império russo definem suas reivindicações de autodeterminação nacional.

Contudo, a realização dessa autodeterminação nacional num país dividido em classes, na prática, levará à *autodeterminação da classe dominante, em nome da nação*; esse é o sentido da crítica que Rosa Luxemburgo faz a Lenin, ao definir essa palavra de ordem como pequeno-burguesa. As classes estão *ausentes* nessa palavra de ordem. A prova de que ela tinha razão aparece com o exemplo finlandês.

Na verdade, todas as revoluções burguesas ocidentais mostram isso com clareza. Quem dinamizou os Estados Gerais ou a quarta Duma, tornando-a porta-voz da revolução, senão a influência do movimento social global, a ação do povo nas ruas? Não há dúvida de que existe sabotagem em período revolucionário, porém a solução leninista de combatê-la, abolindo a democracia, resolve um problema e cria inúmeros outros.

Rosa Luxemburgo, na sua análise da Revolução Russa, mostra como no caso a chamada *ditadura socialista* devia estar atuante. Porém, a mais ampla democracia é condição para a construção de uma nova ordem social, sem a qual alguns chefes "iluminados" decidem em nome da grande maioria.

O partido

É impossível entender a Revolução Russa sem entender as funções preenchidas pelo Partido Bolchevique, a teoria e a prática do chamado *centralismo democrático*, considerado por Lenin como forma suprema de organização proletária.

As revoluções que procuram mudar as relações de propriedade e não somente as pessoas que governam, instaurando um *novo modo de produção*, não são feitas por partidos, grupos ou quadros, mas resultam das contradições sociais que mobilizam amplos setores da população.

A Revolução Russa deu-se em parte por causa das péssimas condições de vida da maioria da população, envolvida numa guerra sem sentido (1914-18).

O que emergia da Revolução Russa era a esperança de se construir uma nova sociedade. No entanto, substituiu-se o czarismo pelo *capitalismo de Estado*.

O teórico dessa tendência foi o economista Preobrajenski, que em 1903 aderiu ao bolchevismo e contava 31 anos na época da Revolução de Outubro. Membro do Comitê Central do partido, em 1920 é um dos três secretários do Comitê Central, com Krestinski e Serebriakov. Em 1921, sofre um eclipse, por ter apoiado Trotski, contra Lenin, na sua tese da militarização dos sindicatos. Não é reeleito para o Comitê Central, o que lhe permite dedicar-se a estudos econômicos a serviço do partido. Publica sua obra *A nova ciência da economia*, em 1925. Segundo ele, para compreender as leis gerais do capitalismo, foi necessário construir o conceito de *capitalismo puro*, porém as leis gerais *só* se realizam como tendência dominante e de maneira aproximativa. Será necessário proceder assim para o sistema socialista? A realização do socialismo criará uma *tecnologia social* fundada na previsão econômica numa *economia organizada*. Não atingimos esse estágio.

No processo revolucionário enfrentam-se duas lógicas. Uma fundada na produção para o lucro, para o mercado, papel da pequena propriedade agrária na economia do país. Mas há outra lógica, que permite ao Estado soviético apoiar empresas – que seriam fechadas se considerássemos o aspecto do lucro individual – e, nas trocas com a economia privada, obter vantagens que não existiriam se só a produção para o lucro privado atuasse. Ele designa essa lógica como *lei da acumulação socialista primitiva*.

Mostra as semelhanças entre a revolução burguesa, que se deu quando o capitalismo elaborou seu sistema econômico, e a revolução socialista, que inicia sua cronologia com a tomada do poder pelo proletariado. *Nos dois casos é inevitável a pilhagem.*

Na revolução burguesa, a pequena produção sofrera a *pilhagem* em benefício da grande produção capitalista.

Segundo ele, o mesmo sucederá com o socialismo, que só depois de muito tempo ultrapassará o capitalismo. *A acumulação socialista aparece de duas formas: pela redução do salário dos operários e funcionários do Estado ou à custa das rendas dos pequeno-burgueses e capitalistas.* Pelo controle dos impostos, o setor socialista poderá apropriar-se da mais-valia do setor privado.

Com a fusão entre a economia de Estado e o poder de Estado, as empresas "socialistas" podem enfrentar a indústria capitalista europeia. As propostas de Preobrajenski implicam uma industrialização acelerada, que significa um *enorme desenvolvimento da economia de Estado e, portanto, o reforço dos aparelhos do partido*.

Esse partido tende a frear o curso dos acontecimentos, pois está *estruturado hierarquicamente*, refletindo assim a própria sociedade a que pretende se opor. Apesar de suas pretensões teóricas revolucionárias, é um órgão burguês, na medida em que é um Estado em miniatura, cuja finalidade é *tomar o poder, não destruí-lo*.

Assimila as formas técnicas e a mentalidade da burocracia. Seus membros são educados para a *obediência*, para aderirem a um *dogma* rígido e reverenciarem o *liderismo* ou o *espírito de chefe*. Este liderismo, ou *função dirigente* do partido, baseia-se em costumes gerados pelo mando, pelo autoritarismo e pela manipulação.

Nas situações em que o partido não exerce a ditadura, tem que participar de campanhas eleitorais, adquirindo a roupagem externa de partido eleitoral. Na medida em que o partido adquire imóveis, meios de propaganda, cadeia de jornais, revistas, cria seus *intelectuais* orgânicos que, acostumados a exporem sempre as decisões do Comitê Central como ideias correntes, recusam-se a aceitar as novas ideias que possam surgir, seja na área do marxismo ou fora dele; sem o perceber, tornam-se conservadores. Por outro lado, como os órgãos de comunicação em que esses intelectuais prestam serviço são rigidamente controlados, para manterem o emprego é muito *mais seguro* fundamentar o que escrevem na *última decisão do Comitê Central do Partido*, do que se aventurar a tirarem *interpretações pessoais*, mesmo fundados em Marx ou Lenin. Isso ocorre especialmente onde o partido e o Estado estão imbricados, como no caso da URSS e dos países do Leste europeu.

A hierarquização do mando é outro elemento estrutural do partido, organizado no esquema leninista. À medida que o partido cresce, aumenta a *distância* entre base e direção. Os *líderes* convertem-se em *personagens*. Os grupos locais, que conhecem melhor que qualquer líder remoto sua situação em cada momento, são obrigados a subordinar sua interpretação direta às diretrizes das cúpulas. Como os dirigentes desconhecem os problemas locais, agem com cautela; em geral, a capacidade do líder *diminui* quanto mais *ascende* na hierarquia burocrática do partido. Quanto mais nos aproximamos do nível onde são tomadas as decisões reais, mais verificamos o caráter conservador do processo de elaboração decisória. Quanto mais burocráticos e alheios são os fatores que influenciam a decisão, tanto mais são levados em conta *problemas de prestígio*, e as *posições alcançadas* estão acima da dedicação desinteressada à revolução social.

O partido, quanto mais busca eficiência na hierarquia, nos quadros e na centralização, torna-se menos eficiente do ponto de vista revolucionário. O partido será eficiente no moldar a sociedade à sua imagem hierárquica, caso a revolução triunfe. Cria a burocracia, a centralização e o Estado.

É um alento para as condições sociais que justificam este tipo de sociedade. Por isso, em vez de progressivamente desaparecer, o Estado controlado pelo "glorioso" partido preserva as condições essenciais que necessitam da existência de um Estado e de um partido para mantê-lo.

Em época de repressão, esse tipo de partido é altamente vulnerável. Basta deter a direção do partido para destruir todo o movimento. Com os líderes presos ou escondidos, o partido paralisa-se, pois seus filiados, sem ter a quem obedecer, dispersam-se.

Entre 1904 e 1917, o Partido Bolchevique escapou a isso, porque, sendo ilegal, era constantemente destruído e reconstruído. Encontrava-se minado por facções, proibidas após a rebelião de Kronstadt. Com essa proibição e o exercício do poder, o Partido Bolchevique transformou-se numa máquina, centralista, burocrática e hierárquica, além de cultivar o "liderismo".

Segundo um líder sindical operário da época, Ossinski, que pertencia à Oposição Operária, o partido *não* coordenou a revolução e *nem* a dirigiu, simplesmente a dominou.

Durante a Revolução Russa, observou-se o surgimento de inúmeros partidos que se diziam "representantes do proletariado": bolcheviques, mencheviques, socialistas revolucionários, socialistas revolucionários de esquerda.

A pluralidade de partidos que se atribuem o título de "partidos da classe operária" demonstra, por simples dedução lógica, que *não existe nenhum* partido da classe trabalhadora. Isto é, para tais grupos, o grande problema é ideológico. Mas, na realidade, todos os partidos carismáticos (que cultivam o liderismo) *desconfiam* profundamente da classe operária.

Quando se perguntava a Lenin ou Trotski por que os conselhos e sindicatos não exerciam o poder controlados pelos trabalhadores, que através de assembleias podiam nomear ou demitir os que não estão lutando pelos seus interesses de classe, a resposta era uma risada sarcástica.

Como podem ser revolucionários e operários os partidos que, *em nome da classe trabalhadora*, colocam nas mãos do Estado as empresas industriais e as explorações agrícolas, dirigidas por diretores nomeados pelo Estado, de cima para baixo, e que estabelecem, em nome da "emulação", tarifas diferenciais de salários entre operários e entre estes e os técnicos, ampliando assim a diferenciação social?

Esses partidos, especialmente o bolchevique, cultivaram a *ideologia da nulidade operária*, considerando os trabalhadores mera força de trabalho que têm que ser "dirigidos", "organizados" pelo partido.

O socialismo de dirigentes e dirigidos não é socialismo, mas autoritarismo burocrático. Mantém o trabalhador da linha de produção ganhando "por produção" e subordinado à chefia, nomeada pelo partido e pelo Estado.

Tudo isso porque o partido que se autoconsidera "vanguarda do proletariado" tem medo da participação generalizada dos que trabalham nas fábricas e nas comunas rurais, que podem federar-se. A base pode destituir quem exerce o poder em *seu nome* e não cumpre as decisões coletivas. O socialismo funda-se na *solidariedade e entendimento mútuo*. Makhno ou Kronstadt não delegam poder a ninguém, nem exigem que os outros abdiquem do seu. Em troca, oferecem a todos um trabalho comunitário, num plano de *igualdade radical no que diz respeito aos direitos, de participação e decisão*.

Por que esse oferecimento é recebido pelo Partido Bolchevique como uma afronta e quem o faz é tachado de *contrarrevolucionário?*

Por que o Exército Vermelho comandado por Trotski destruiu a comuna de Kronstadt e por que as milícias makhnovistas, após derrotar os generais czaristas na Ucrânia, foram atacadas à traição e dizimadas pelo Exército Vermelho? Porque é inerente a qualquer poder vertical, burocrático, tender a crescer e dominar a sociedade através do partido.

Quando o próprio trabalhador dirige *sua* luta, através de sovietes livres, conselhos de usina, grupos e comissões de fábrica, ele *deixa de obedecer cegamente* ao Comitê Central do Partido. Assim sucedeu na Comuna de Paris, na Revolução Russa de 1917, na Revolução Alemã de 1918 e na Revolução Espanhola de 1936-39.

O partido político é *substituísta*; pretende ocupar o lugar que deve ser ocupado pelos trabalhadores. O partido não unifica lutas e sim pessoas.

O operário é *revolucionário* não por ter lido Marx ou Engels, mas quando pensa por si mesmo e aprende através de sua integração em organizações *autônomas* de classe, não tuteladas por um partido ou pelo Estado.

Como pode um Estado que se autointitule "operário" ou "socialista" libertar o operário e os trabalhadores em geral, se ele mesmo está *fora* do controle destes?

Assim, *delegar* poder é perder poder. A representação só tem sentido quando os representantes controlam os representados. Por isso, a decantada necessidade da ditadura do proletariado, exercida em seu nome pelo partido, que realizaria a fase de "transição" do capitalismo ao socialismo, é uma grande mistificação. Em nome dessa "transição", o partido funde-se com o Estado e exerce seu poder *sobre* o proletariado; é uma ditadura sim, mas *sem* proletariado como sujeito ativo; este aparece apenas como mão de obra a ser explorada pela burocracia, que possui o Estado como sua propriedade privada, conforme dizia profeticamente o velho Marx nos inícios do movimento operário.

Então esse partido que se atribui função "dirigente", "organizadora", "de vanguarda" e se autodenomina "partido de quadros" ou "partido de massas", faz o que com seus adeptos, militantes profissionais, membros que fizeram "carreira partidária", foram eleitos ou nomeados *por cooptação* ao Comitê Central?

Na *teoria*, os militantes devem conhecer as propostas programáticas das diferentes linhas internas, escolhendo quem defende uma linha conforme sua maneira de pensar – é o que o Partido Bolchevique chama de "luta interna".

Na *prática*, uma vez no poder, o dirigente ordena o que corresponde aos interesses do grupo e não da base. Como político profissional, preocupa-se mais com seu "trabalho" do que com cumprir promessas. Não nos esqueçamos de que na URSS, mesmo sob partido único, há eleições.

O dirigente partidário, e ao mesmo tempo burocrata de empresa industrial ou agrícola, afasta-se da vida quotidiana da maioria dos trabalhadores comuns, isto é, dos que não têm privilégios nem imunidades. Torna-se conservador, levando uma vida *particular*, no nível da *minoria dirigente*, muito diferente dos militantes de base.

A maioria dos filiados ao partido *não* conhece os programas, deixa-se levar pelos *slogans* e pelas promessas dos candidatos nas eleições rituais. Os programas e promessas são sempre *imprecisos*, pois permitem aos dirigentes campo para manobras. O Partido Bolchevique jamais foi democrático, pois foi dirigido por uma *minoria* com interesses *específicos*.

4
Conclusão

Na medida em que esses dirigentes do partido e do Estado, embora não disponham individualmente dos meios de produção, pelos órgãos citados dispõem "coletivamente" dos meios de produção, o poder da *burguesia de Estado* é o resultado último da Revolução Russa.

É bem verdade que o caminho da Revolução Russa nessa direção não foi linear. Logo após a tomada do poder, o partido introduzira o regime do comunismo de guerra, da militarização do trabalho e da subordinação dos sovietes e sindicatos ao Estado.

No campo das relações agrárias, desenvolvera a política da formação do pequeno proprietário de terra, para se assegurar de seu apoio, já que a maioria da população na época era camponesa.

A rebelião de Kronstadt, reivindicando sovietes sem o controle do partido e liberdade ao camponês para produzir sem assalariados e vender seus produtos nos centros urbanos, fora um aviso de crise.

A NEP (Nova Política Econômica) de Lenin foi a resposta: chamara ele o regime de *"capitalismo de Estado"*, com as empresas e todas as organizações de massa ou profissionais atreladas ao Estado. Porém, a novidade era o incentivo à pequena produção industrial, comercial e agrária.

Enquanto isso, o trotskista Preobrajenski defendia a política de industrialização acelerada, combatida por Kamenev e Stalin.

Após a morte de Lenin e a ascensão de Stalin ao poder, este expulsará Trotski da URSS, perseguirá seus adeptos organizados como Oposição de Esquerda, pressionará outros à retratação e porá em prática a tese da industrialização acelerada do trotskista Preobrajenski. O pequeno proprietário de terras, criado pela Reforma Agrária de Lenin, será enquadrado em fazendas estatais.

A URSS conhece uma política de industrialização a todo vapor, com base na organização taylorista do trabalho, o que levou Stalin a definir o bolchevismo como a união do espírito revolucionário russo com o espírito prático norte-americano.

É antiga a confusão existente entre relações sociais de produção e aquilo que é apenas expressão jurídica dessas relações, ou seja, a propriedade privada dos meios de produção. Isso leva a equívocos graves. Leva a achar que socialismo significaria apenas suprimir a propriedade privada dos meios de produção, através da tomada do poder político do Estado por um partido; essa supressão da propriedade privada é que levaria à sociedade sem classes. E para isso seria suficiente aplicar o *taylorismo* como forma de organização do trabalho. Sob o capitalismo, o taylorismo serve à classe dominante; sob o Estado socialista, servirá ao socialismo.

Essa concepção esquece que as relações sociais de produção não se limitam à propriedade jurídica dos meios de produção. Além da exploração possibilitada pela *propriedade privada ou es-*

A Revolução Russa

tatal dos meios de produção, essas relações compreendem também a *opressão*: o modo como a divisão do trabalho provoca a *concorrência* entre os trabalhadores, o modo de integrar os trabalhadores no processo de trabalho na empresa, o modo da *extorsão* do saber, do tempo livre e do poder de decisão do trabalhador.

As relações sociais a serem suprimidas não se restringem à propriedade privada dos meios de produção, como o fizeram os bolcheviques na Revolução Russa.

Tanto na URSS como em outros países do Leste europeu que seguem o mesmo modelo, continuam a existir: a relação empregado-empregador, agora entre o Estado e *seus* assalariados, devido ao fato de a propriedade privada dos meios de produção ter passado ao Estado (e não aos trabalhadores autonomamente organizados); uma divisão do trabalho que conserva a hierarquia e as regras do sistema mercantil, favorecendo também a concorrência entre os trabalhadores através da "emulação"; a dominação da autoridade e do saber por uma burocracia, da qual uma tecnocracia é parte integrante; e também a oposição entre trabalho intelectual e manual, com a supervalorização do primeiro, como se na execução e planejamento do segundo a inteligência inexistisse.

A revolução das relações sociais e das formas (instituições) correspondentes, e das relações de produção em que o empregador é o proprietário individual ou o Estado, pressupõe uma revolução socialista que não é sinônimo de tomada do poder por um partido ou grupo em nome do proletariado, mas do proletariado dirigindo suas lutas (como todos os assalariados não fabris), por meio da auto-organização e dos órgãos autônomos horizontais (comitês, comissões) que emergem do processo da *ação direta* de todos os assalariados.

A Revolução Russa, que se iniciara em 1905, e em fevereiro e outubro de 1917, com a criação de sovietes livres, termina monopolizada pelo Partido Bolchevique, no topo do Estado soviético, ao qual estão atrelados os sindicatos, sovietes e quaisquer organizações de massa. Surgem duas perguntas: O nível de vida das massas russas de hoje é superior ao de *antes* da Revolução? As deformações existentes hoje não se devem ao *cerco capitalista* à Revolução?

Quanto à primeira pergunta, sem dúvida houve sensível elevação do nível médio de vida das massas após a Revolução. Porém na França, na Dinamarca e na Suécia o nível de vida das massas é superior ao da URSS – nem por isso defenderemos o capitalismo francês, sueco ou dinamarquês.

Quanto às distorções da Revolução atribuídas ao "cerco capitalista" em 1918, achamos que as intenções socialistas contidas na Revolução caíram por terra quando os camponeses de Makhno e os marinheiros de Kronstadt foram esmagados pelo Exército Vermelho e muitos membros da Oposição Operária, que surgira no interior do Partido Bolchevique, foram expulsos ou presos.

Assim como a repressão de Robespierre contra os *enragés* (radicais) na Revolução Francesa abriu caminho a Napoleão Bonaparte, a repressão de Lenin e Trotski a Makhno e a Kronstadt, bem como o atrelamento dos sindicatos ao Estado e o controle das fábricas por administradores nomeados pelo mesmo, abriram caminho à ditadura bonapartista de Stalin.

Sob Stalin, a URSS aprofundara o caminho rumo ao capitalismo de Estado: uma burguesia de Estado aliada à tecnocracia fala *em nome* do proletariado. Em 1945, a URSS avança sobre o Leste europeu e o mesmo sistema de partido e Estado é instituído. No entanto, a realidade mundial em 1945 era muito diferente da realidade do "cerco capitalista" à URSS em 1917.

As teorias do "cerco capitalista" e da "transição ao socialismo" é que permitem eternizar a ditadura *sobre* o proletariado.

Felizmente Marx morreu a tempo. Assim não pôde assistir à repressão aos operários de Berlim oriental, Hungria, Checoslováquia e Polônia; caso contrário, iria denunciá-la ao proletariado mundial como o fizera com a repressão à Comuna de Paris em sua obra *A guerra civil na França*. Disso temos certeza.

Ele não é responsável pelo que os autonomeados "marxistas" fazem em seu nome.

A Revolução Russa

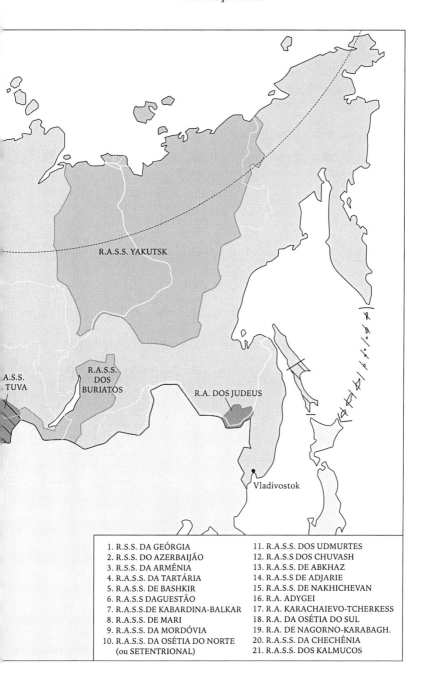

Bibliografia

Obras consultadas

ADLER, Max. *Conselhos operários e revolução*. Coimbra: Centelha, 1976.

ARCHNOV, P. *Historia del movimiento machnovista*. Buenos Aires: Argonauta, 1926.

BRICIANER, Serge (org.). *Pannekoek et les conseils ouvriers*. Paris: EPI, 1969.

CERRONI, Umberto. *Teoria marxista del partido político*. Córdoba: PyP, 1971. 3 v.

COLLINET, Michel. *Du bolchévisme: évolution et variations du marxisme--léninisme*. Paris: Amiot-Dumont, 1957.

DEUTSCHER, Isaac. *Leon Trotski*. Rio de Janeiro: Civilização Brasileira, 1978. 3 v.

FETSCHER, Irving. *Karl Marx e os marxismos*. Rio de Janeiro: Paz e Terra, 1970.

GERAS, Norman. *Atualidade de Rosa Luxemburgo*. Lisboa: Antídoto, 1978.

GERRATANA. *Consejos obreros y democracia socialista*. Córdoba: PyP, 1972.

GILLE, B. *Histoire économique et sociale de la Russie, du Moyen Âge au XXe. siècle*. Paris: Payot, 1949.

HOBSBAWM, Eric J. *História do marxismo*. Rio de Janeiro: Paz e Terra, 1985. v.5

KOLLONTAI, Alexandra. *L'Opposition Ouvrière*. Paris: Seuil, 1974.

LENIN. *Que fazer?* Lisboa: Estampa, 1973. (Ed. brasileira: São Paulo, Hucitec, 1978.)

_____. *Lenin*. Coletânea organizada por Florestan Fernandes. São Paulo: Ática, 1978.

_____. *Lenin no poder:* discursos entre 1917-23. Porto Alegre: LP&M, 1979.

LINHART, Robert. *Lenine, les paysants, Taylor*. Paris: Seuil, 1976.

LUXEMBURGO, Rosa. A Revolução Russa. In: CASTRO, Paulo de. *Socialismo e liberdade*. Rio de Janeiro: Forum, 1968.

_____. *La question nacional y la autonomia*. Córdoba: PyP, 1979.

McCAULEY, Martin. *A Revolução Russa e o Estado soviético:* 1917-21. Lisboa: Acrópole, 1975.

MILLS, Wright. *Os marxistas*. Rio de Janeiro: Zahar, 1978.

PANNEKOEK, Anton. *A luta operária*. Coimbra: Centelha, 1977.

PORTAL, Roger. *Os eslavos*. Lisboa: Cosmos, 1968.

PREOBRAJENSKI. *A nova economia*. Rio de Janeiro: Paz e Terra, 1979.

PROKOPOVITCH. *Histoire économique de l'URSS*. Paris: Flammarion, 1952.

SHAPIRO, Léonard. *Les bolchéviques et l'Opposition*. Paris: L'Île d'Or, 1957.

SKIRDA, Alexandre. *Kronstadt 1921*. Paris: La Tête des Feuilles, 1972.

TROTSKI, Leon. *Stalin*. São Paulo: Progresso Editorial, 1947.

_____. *Terrorismo e comunismo*. São Paulo: Saga, 1969.

_____. *A revolução traída*. Lisboa: Antídoto, 1977a.

_____. *História da Revolução Russa*. Rio de Janeiro: Paz e Terra, 1977b. 3 v.

_____. *O programa de transição para a revolução socialista*. Lisboa: Antídoto, 1978.

_____. *A revolução desfigurada*. São Paulo: Ciências Humanas, 1979a.

_____. *A revolução permanente*. São Paulo: Ciências Humanas, 1979b.

_____. *L'Internationale communiste d'après Lenine*. Paris: PUF, 1979c.

_____. *Diário do exílio*. São Paulo: Ed. Populares, 1980.

VENTURI, Franco. *Les intellectuels, le peuple et la révolution*. Paris: Gallimard, 1972. 2v.

VOLIN. *La révolution inconnue*: 1917-21. Paris: Belfond, 1972.

Sugestões para leitura

O leitor brasileiro encontrará na obra de Marc Ferro, *A Revolução Russa de 1917* [São Paulo, Perspectiva, 2.ed., 2004], uma visão de conjunto equilibrada, porém sem maior originalidade.

A respeito da polêmica entre populistas e marxistas, a coletânea organizada pelo Prof. Rubem Cesar Fernandes, do Museu Nacional, *Dilemas do socialismo* [Rio de Janeiro, Paz e Terra, 1982], traz inúmeros textos de Lavrov, Mikhailovski, Tkatchov, do ângulo populista, pouco conhecidos no Brasil e úteis para a compreensão da polêmica com os marxistas da época.

A defesa da posição bolchevique durante o processo da Revolução Russa e do *comunismo de guerra* encontra-se em L. Trotski, *História da Revolução Russa* e *Terrorismo e comunismo*. A crítica à prática bolchevique da época acha-se em A. Kollontai, *L'Opposition Ouvrière* [*Oposição operária*: 1920-1921, São Paulo, Global, 1980].

O ponto de vista dos rebeldes de Kronstadt está exposto na coletânea de jornais da época *Izvestia* (Paris, Belibaste); o oficial, nos discursos de Lenin entre 1917-23, encontrados em *Lenin no poder*.

Quanto à discussão sobre os sindicatos, o livro de Kollontai e *Terrorismo e comunismo*, de Trotski, definem as duas posições: da Oposição Operária e do governo soviético na época.

A revolução ucraniana é tratada no livro de P. Archnov.

O tema da Constituinte está contido no texto de Rosa Luxemburgo, "A Revolução Russa", ao qual Trotski responde em *Terrorismo e comunismo*.

A respeito da questão do partido político, o leitor poderia consultar Robert Michels, *Sociologia dos partidos políticos* [Brasília, Ed. da UnB, 1982], no qual ele estuda a burocracia partidária, e os textos de Anton Pannekoek sobre a luta operária via auto-organização em conselhos (sovietes).

A morte de Lenin e a ascensão de Stalin inauguram nova fase da Revolução Russa, a do *socialismo num só país*. A esse respeito, *Stalin*, de Souvarine (Paris, Champ Libre, 1977), é a melhor biografia; e as obras de Trotski, uma análise crítica que pode não ser aceita, mas precisa ser conhecida.

Cronologia

1876 – Os populistas se organizam no partido *Zemlia i Volia* (Terra e Liberdade), adicionando à agitação política golpes de terrorismo individual.

1877 – Fevereiro-março – Julgamento dos Cinquenta, todos populistas, no qual o operário Piotr Alexeiev pronuncia o primeiro discurso político feito por um proletário russo.

1878 – 24 de janeiro – O general Trepov, governador de São Petersburgo, é assassinado pela populista Vera Zassulitch, posteriormente fundadora do Partido Social-Democrata Russo, em sinal de protesto contra sua ordem de açoitamento de prisioneiros políticos.

1879 – Congressos de Lipetsk e Voronej do partido *Zemlia i Volia*. O partido se cinde em dois grupos, o partido *Narodnaia Volia* (Vontade do Povo) e o grupo Emancipação do Trabalho dirigido por Plekhanov, introdutor do marxismo na Rússia.

1887 – 20 de maio – O irmão de Lenin é executado na fortaleza de Schlusselburg por cumplicidade num atentado fracassado contra o czar Alexandre III.

1889 – Congresso de fundação da II Internacional em Paris, com a presença de Plekhanov, representando o Partido Social-Democrata Russo.

1893 – O Partido dos Direitos do Povo é fundado pelo veterano populista Natanson e pelo jovem populista Victor Tchernov, posteriormente teórico do Partido Socialista Revolucionário, ministro da Agricultura do Governo Provisório de Kerenski e presidente da Assembleia Constituinte dissolvida em 1918.

1896 – Maio-junho – Greve de 30 mil operários têxteis em São Petersburgo, envolvendo 19 fábricas; sua reivindicação principal é uma jornada de trabalho de dez horas e meia.

1897 – Lenin é condenado a três anos de exílio na província de Ienissei, na Sibéria.

1900 – Julho-novembro – Lenin viaja ao Exterior e, com o grupo liderado por Plekhanov, resolve editar um jornal. A redação inclui Plekhanov, Vera Zassulitch, Axelrod, Lenin e Martov. Nome do jornal: *Iskra* (Centelha). Local de publicação: Munique, na Bavária.

1903 – Greves em Rostov (Rússia do Sul), Baku, Batum, Kiev, Odessa. Realiza-se o II Congresso do Partido Social-Democrata Russo (em Bruxelas e Londres), que termina numa cisão entre *mencheviques* (minoria) e *bolcheviques* (maioria). São eleitos um Comitê Central, composto de três bolcheviques, e uma redação formada por outros três; é estabelecido um Conselho do partido. Trotski figura entre mencheviques e bolcheviques.

1904 – Lenin demite-se do Comitê Central, desfecha uma luta por um novo Congresso e um novo regime no partido: o *centralismo democrático*, como forma de organização partidária. Ele publica um novo jornal: *Avante*.

9 de fevereiro – Início da guerra russo-japonesa.

A Revolução Russa

1905 – O ano da 1ª Revolução Russa.

2 de janeiro – Os japoneses ganham a guerra contra os russos. Conflito entre os membros da organização operária chefiada pelo padre Gapon e a administração da usina Putilov de São Petersburgo.

Greve dos operários da usina Putilov.

9 de janeiro – *Domingo sangrento*: Gapon conduz milhares de operários de São Petersburgo até os portões do Palácio de Inverno do czar a fim de apresentar suas reivindicações; são recebidos a bala pelos guardas do Palácio.

25 de abril a 10 de maio – O III Congresso do Partido Social-Democrata Russo investe o Comitê Central de autoridade executiva e organiza a luta por um Governo Provisório.

Junho – O primeiro soviete é organizado em Ivanovo-Voznesensk.

27 de junho – Motim do encouraçado Potemkin.

Lenin altera sua posição a respeito dos sovietes, passando a apoiá-los.

2 de novembro – O soviete proclama a liberdade de imprensa.

15 de novembro – O soviete de São Petersburgo dirige uma greve de protesto contra a repressão aos marinheiros de Kronstadt.

9 de dezembro – Trotski é eleito presidente do soviete de São Petersburgo.

16 de dezembro – O governo czarista prende os membros do soviete de São Petersburgo.

20 de dezembro – 100 mil operários em greve em Moscou.

21 de dezembro – Greve de 90 mil operários em São Petersburgo. Greve de 150 mil operários em Moscou.

1906 – Março – O Partido Cadete surge na *Duma* (Parlamento), eleito como o partido mais forte.

10 de maio – Sessão de abertura da primeira Duma.

21 de junho – O czar dissolve a primeira Duma. O primeiro-ministro Stolipin inicia sua ditadura e introduz a Corte Marcial sumária contra os revolucionários.

147

22 de novembro – Stolipin baixa uma lei agrária, destinada a criar uma pequena burguesia rural como base da autocracia.

1908 – Janeiro – Grandes greves no centro petrolífero de Baku.

Setembro – Stalin é exilado para a Sibéria.

Outubro – O jornal *Pravda: gazeta operária* é criado por socialistas ucranianos; sua sede é em Viena e Trotski se torna seu redator-chefe.

Outubro – Stalin evade-se do exílio e chega a Tíflis, na Geórgia.

1910 – 6 de outubro – Stalin é exilado pela terceira vez para a Sibéria.

1911 – 19 de dezembro – O primeiro-ministro Stolipin é assassinado por um agente da polícia política.

1912 – Fevereiro – Stalin é cooptado para o Comitê Central, depois de sua candidatura, proposta por Lenin, ter sido rejeitado pelo Comitê Central.

1914 – Agosto – O advento da guerra mundial divide os social-democratas russos em: *defensistas* (partidários da defesa da Rússia ante os estrangeiros), dirigidos por Plekhanov e Alexinski, e *derrotistas* (partidários da transformação da guerra imperialista em guerra civil no país), dirigidos por Lenin, Zinoviev, Trotski e Martov.

1915 – 18-21 de setembro – Conferência, em Zimmerwald, de vários partidos socialistas da Europa. Lançamento do Manifesto de Zimmerwald contra a guerra, assinado por Lenin (bolchevique), Axelrod (menchevique) e Bobrov (socialista revolucionário de esquerda).

1916 – 6 a 12 de maio – Conferência de Kienthal: a Oposição Internacional de Esquerda, dirigida por Lenin, Rosa Luxemburgo e Radek, propõe a greve geral, a sabotagem e a insurreição para pôr termo à guerra. O Birô de Esquerda de Zimmerwald (Lenin e outros) propõe a transformação da guerra imperialista em guerra civil em todos os países.

1917 – Ano da Revolução de Fevereiro e da Revolução de Outubro. Greve geral em Petrogrado.

12 de março – É organizado o soviete dos deputados operários de Petrogrado. O mesmo se dá em Moscou. Abdicação de Nicolau II.

19 de março – O Governo Provisório anistia todos os presos políticos.

16 de abril – Lenin chega à Rússia, via Alemanha, num trem blindado.

17 de abril – Lenin apresenta suas *Teses de abril*, propondo a revolução socialista como solução aos problemas democrático-burgueses do país, como a questão agrária e a Assembleia Constituinte.

24 de setembro – Trotski é eleito presidente do soviete de Petrogrado.

7 de novembro* – Começa a Revolução de Outubro. As tropas do Comitê Revolucionário cercam o Conselho da República.

8 de novembro – Cai o Palácio de Inverno.

9 de novembro – É organizado o primeiro Conselho dos comissários do povo, com Lenin na presidência, Trotski nas Relações Exteriores, e Stalin no Ministério das Nacionalidades.

23 de novembro – Decreto abolindo as hierarquias, o serviço civil e as graduações sociais.

20 de dezembro – Decreto organizando a polícia política, a *Tcheka*.

1918 – 3 de março – Assinatura do Tratado de Paz de Brest-Litovsk entre Rússia e Alemanha.

---

* Apesar de eclodir em novembro, a revolução é chamada "de outubro" pois no antigo calendário era 25 de outubro de 1917 (N. E.).

1920 – Janeiro – Operação de limpeza contra o exército dirigido pelo almirante Koltchak, que pretendia restabelecer o antigo regime.

Dezembro – Operação de limpeza contra as tropas do general Iudenitch, que pretendia restaurar o antigo regime.

1921 – 8-16 de março – X Congresso do Partido Bolchevique: auge da discussão sobre os sindicatos (iniciada em fins de 1920). A Oposição Operária luta energicamente pelo restabelecimento da democracia interna no Partido Bolchevique. São proibidas todas as frações internas no partido. Adota-se a NEP (Nova Política Econômica), mantendo a estatização da economia, com restabelecimento do pequeno comércio urbano e rural.

1922 – 16 de dezembro – Lenin é substituído por um triunvirato formado por Zinoviev, Kamenev e Stalin, devido à doença que o impedia de exercer o governo.

1923 – Lenin dita sua carta-testamento, rompendo relações pessoais com Stalin.

1924 – 21 de janeiro – Morte de Lenin.

1925 – Abril – Trotski é afastado do Comissariado da Guerra, substituído pelo general Frunze.

11-23 de julho – Zinoviev é expulso do Birô Político e afastado da direção da Internacional Comunista.

1927 – 12 de novembro – Trotski e Zinoviev são expulsos do Partido Comunista.

1928 – 16 de janeiro – Trotski é exilado para Alma-Ata.

21 de dezembro – Comemoração do 50° aniversário de Stalin como data nacional.

SOBRE O LIVRO

Formato: 14 x 21 cm
Mancha: 23 x 39 paicas
Tipologia: Iowan Old Style 10/14
Papel: Offset 75 g/m² (miolo)
Cartão Supremo 250 g/m² (capa)
1ª edição: 2007

EQUIPE DE REALIZAÇÃO

Edição de Texto
Jaci Dantas de Oliveira (Revisão)
Oitava Rima Prod. Editorial (Atualização Ortográfica)

Editoração Eletrônica
Oitava Rima Prod. Editorial

Impressão e acabamento